प्रतिध्वनि

(काव्य संग्रह)

डॉक्टर सुनन्दा महाजन

PUBLICATION

दिल्ली-110089

संस्करण : 2021
ISBN : 978-93-90889-21-1

प्रखर गूँज पब्लिकेशन
एच-3/2, सेक्टर-18, रोहिणी, दिल्ली-110089
दूरभाष : 7982710571, 7838505899, 011- 27851059

मूल्य : 200/-
© Author

शब्द संयोजन एवं आवरण
प्रखर गूँज

Pratidhwani

By : Dr. Sunanda Mahajan

Published by
PRA KHA R GOONJ PUBLICA TION

Delhi - 110089

E- mail : prakhargoonj@gmail.com

      sinha.neelu123@gmail.com

011- 27851059, 7982710571, 7838505899

Web : prakhargoonjpublicationofficialwebsite.com

स्व.उर्मिला रानी महाजन

माँ का साया रहे जहाँ,
कोई दुख न पहुँचे वहाँ।

दो शब्द

समय का चक्र बदलता रहता है। मन के भाव और विचार निरंतर गतिशील रहते है। मन के भाव, विचार कब भाषा के रूप में परिणत हो जाते है। यह तो फलीभूत होने के बाद ही आभास होता है। कविता क्या है? आचार्य राम चन्द्र शुक्ल ने कहा, 'कविता ही मनुष्य के हृदय को स्वार्थ–संबंधों के संकुचित मंडल से ऊपर उठाकर लोक सामान्य की भावभूमि तक ले जाती है। जहाँ जगत की नाना गतियों से साक्षात्कार और शुद्ध अनुभूतियों का संचार होता है। इस भूमि तक पहुँचे हुए मनुष्य को कुछ काल के लिए अपना पता ही नहीं रहता। वह अपनी सत्ता को लोक सत्ता में विलीन किए रहता है। उसकी अनुभूति सबकी अनुभूति होती है।'

इस कथन से मनःचेतना अभिभूत हो जाती है। शुक्ल जी ने कविता के संदर्भ में जो कहा, मुझे उनकी यह सबसे सारगर्भित परिभाषा लगती है। सही भी है, जो विचार आपके अन्तर्मन को झकझोरते है, जो अनुभूतियाँ आपके हृदय को भावोद्रेक कर दें और आपको सामान्य भावभूमि तक ले जाते है जहाँ 'पर' की संवेदना 'स्व' की और 'निज' के भाव सबके भाव बन जाते है वहाँ कविता अपनी श्रेष्ठता को प्राप्त कर लेती है। जब कविता पढ़कर पाठक 'आह', 'वाह' कह दे तो कविता उच्चतम स्तर को प्राप्त कर जाती है। इन कविताओं को पढ़कर पाठकों के हृदय में यदि अंश मात्र भी साधारणीकृत होता है तो मेरा हृदय उनके प्रति कृतज्ञता ज्ञापित करता है।

कविताओं का लेखन काफी लम्बे समय से चल रहा था। कभी चलना, कभी ठहर जाना जीवन का दस्तूर है। लॉकडाउन का समय सभी के लिए बहुत कष्टकारी रहा। भय और दहशत के माहौल में जीवन–यापन करना कठिन होता है। इन परिस्थितियों से हमें किस तरह से निपटना हैं। यह सीखने का समय मिला। लोगों ने अपने अंदर छुपे हुनर को तलाशने का प्रयास किया।

मैं सर्वप्रथम ईश्वर को नमन करती हूँ जिनके आशीर्वाद से मन की भावनाओं को कविताओं के रूप में संग्रहीत किया। मैं सेठ फूलचंद महाविद्यालय के प्राचार्य मेजर राजकमल दीक्षित, सभी प्राध्यापकों का और विशेषकर हिंदी विभाग के साथियों का, सांस्कृतिक विभाग के प्रभारी और सदस्यों का और गैर शैक्षणिक कर्मचारियों का भी हृदय से आभार व्यक्त करती हूँ जिन्होंने समय–समय पर मेरी कविताओं को सराहा। जिससे लेखन के प्रति मेरा मनोबल बढ़ता रहा।

कविताओं को लिखने के बाद मेरे सर्वप्रथम पाठकों में मेरे पति प्रवीन

गुप्ता, मेरा पुत्र अपूर्व और मेरी पुत्री अनुष्का रही। कविताओं को डिजिटल रूप में कार्यान्वयन करने और उसको व्यवस्थित करने का श्रेय अपूर्व और अनुष्का को है क्योंकि नई पीढ़ी इस कार्य को करने में सिद्धहस्त है।

मैं अपने पापाजी, सासूमाँ, भाई, भाभियों, बहनों और परिवार के सभी सदस्यों, मित्रों और अपने सभी शुभचिंतकों का हृदय से आभार प्रकट करती हूँ जिनका स्नेहाशीष सदैव मेरे साथ रहा।

डॉक्टर सुनन्दा महाजन

शुभकामना संदेश

सुनंदा महाजन (वरिष्ठ कवयित्री एवं एसोसिएट प्रोफेसर, हिंदी) जी की पुस्तक प्रतिध्वनि वास्तव में अपने शीर्षक को सार्थक करती है। लेखिका के हृदय से उठने वाले भाव शब्दों का रूप लेकर पृष्ठों पर सजते हैं और प्रतिध्वनित होकर पाठकों के हृदय को स्पंदित करते हैं। अनायास ही हम उन शब्दों में खुद को खोजने लगते हैं। शब्दों की सार्थकता तभी तो होती है जब पुस्तक से निकलकर पाठकों के हृदय का आभूषण बन जाएँ।

सुनन्दा जी को उनकी पुस्तक के लिए हार्दिक शुभकामनाएँ।

नीलू सिन्हा,
प्रधान सम्पादिका/संस्थापक
प्रखरगूंज प्रकाशन, नई दिल्ली

शुभकामना संदेश

प्रतिध्वनि काव्य–संग्रह की रचनाकार डॉ. सुनंदा महाजन, वरिष्ठ कवयित्री एवं एसोसिएट प्रोफेसर, हिंदी विभाग, पी.सी. बागला कालेज, हाथरस की पांडुलिपि मुझे प्राप्त हुई। उक्त पांडुलिपि की अधिकांश रचनाओं को पढ़ने के बाद मुझे लगा कि रचनाकार ने जीवन के विविध रंगों से, विविध विषयों के माध्यम से हृदय तल को रंगने का सफल प्रयास किया है और उसी हृदय तल से उठने वाली प्रतिध्वनि पाठक के मानस पटल पर एक संवेदना युक्त, मार्मिक एवं अविस्मरणीय स्वर लहरियों को जन्म देती हैं।

मानवीय भावों से ओतप्रोत रचनाओं के सृजन के लिए मैं आपको अनंत शुभकामनाएँ प्रेषित करता हूं। आपका श्रेष्ठ सृजन अनवरत जारी रहे।

सपरिवार मंगल कामनाओं के साथ

डॉ. युवराज सिंह 'युवा'
कवि / गीतकार
एसोसिएट प्रोफेसर (हिंदी विभाग)
आर.बी.एस.कालेज, आगरा
संपर्क–9457030335

अनुक्रमणिका

प्रार्थना

हे गोपाला तुम मेरे हो, हम तेरे हैं
हरि नाम के फेरे हैं, रात दिन नेरे हैं
डरते रहे क्यों, हम क्या अकेले हैं
तेरे रूप सलोने, हम तेरे खिलौने हैं

मन क्यों निसिदिन हो रहा उदास है
जब हमें तुझ पर ही पूर्ण विश्वास है
तुम्हारे मुख पर अमिट मुस्कान है
तुम सबकी मुस्कान लौटा दो प्यारे

अब न होंगे कभी भी तुझसे न्यारे
रहेंगें सदा प्रेममय हम गोविंद प्यारे
रहेंगे गलतियों से हम हरदम न्यारे
करते रहेंगे भक्ति यहाँ भक्त सारे

अब कान्हा जन्म सफल हुआ है
लॉकडाउन में तो लॉक किया है
अब तो मेरा यह मन तेरा हुआ है
भक्ति में ही शक्ति मान लिया है

ओह रे! किसान

किसान हो गया वीरान
सही दाम न बिके अन्न
जिसे खाकर रहे प्रसन्न
अन्नदाता हुआ निशब्द
कठिन किया था परिश्रम
निचोड़ के अपना तन-मन
कैसे वे छुपाता रहे निशान
लग रहे हैं उसके अन्तर्मन
मानसून ने कर दिया हैरान
तहस-नहस हो गए अरमान
किसान हो गया है परेशान
मन को अब क्या दे फरमान
घर में भूखे बच्चे, बच्चियाँ
सहमी, तरसती, बिलखती
जवानी में ही बूढ़ी पत्नियाँ
मृत्यु-राह ताकते माँ-बाप
कर्ज, मर्ज और आत्मदाह
होंगे अब किस तरह सुखी
सब तरफ अब हाहाकार
कुछ तो करो अब सरकार
होरी की अब लगे न बोली
किसान अब खाए न गोली
होरी बनकर नहीं है जीना
पसीने से लथपथ हो सीना
कोई तो बने इनका खवैया
निकाल ले जाए इनकी नैया
फिर हरित फसलें हो जाए
किसान फिर से नाचे-गाए

भारतीय सैनिकों के शहीद होने पर

पाक के इरादे यदि होते पाक-साफ
करता न हमारे जवानों पर हाथ-साफ
एक-एक बूँद का हिसाब कर पाक अब
नहीं तो छूटेगा भारत के सब्र का बाँध
मुश्किलों से पायी है हमने आजादी
अब तो न कर अपनी ज्यादा बर्बादी
चींटी की तरह मसल दिया जाएगा
अब यदि हमारी तरफ आँख उठाएगा
सहिष्णुता का मतलब नहीं कायरता
नहीं तो कायरों की तरह मिट जाएगा
मर गई इन्सानियत उनके दिलों से
हालातों से समझौते कब तक करेंगे
जब सवार है जुनून उनके सिर पर
तब देश के सैनिक शहीद होते रहेंगे
हमारी सहिष्णुता की कोई सीमा हो
रक्तरंजित क्यों मेरे देश की धरती हो
कोशिश मेरी और से होनी चाहिए
दुष्ट के साथ दुष्टता का व्यवहार हो

बाइस मार्च जनता कर्फ्यू

इस कदर दुनिया में कोहराम मचा है।
समय का पहिया सबको रोक रहा है।
सुपर पावर देशों में भय का आतंक है।
मानव जाति के लिए कारोना घातक है।

दुनिया की चकाचौंध से हुई घबराहट है।
विज्ञान के क्षेत्र में भी हुई सुगबुगाहट है।
सबकी घर वापसी से ही अभी राहत है।
हाथ धोते रहना बहुत अच्छी आदत है।

मानव जाति की सुरक्षा ही परीक्षा है।
हम सबकी बस यही एक इच्छा है।
कैसे बचाया जाय सब तरफ चर्चा है।
स्वच्छ, स्वस्थ रहे जीवन, परिचर्चा है।

आत्मा परमात्मा है अब यही माना है।
मंदिर, मस्जिद, गुरुद्वारा, चर्च नहीं जाना है।
भीड़ वाली जगहों में जाने से बचना है।
पाश्चात्य देशों के अनुभवों से सीखना हैं।

यह आत्मचिंतन, आत्ममंथन का समय है।
परिवारजनों के साथ बिताने का समय है।
हम सब प्रण लें तो वायरस को रोक देंगे।
बाइस मार्च को हम सभी घर पर ही रहेंगे।

रेल त्रासदी

शांत नीरव सा सन्नाटा, छाया था चारों ओर
दिशाएँ भी खोई हुई थी, अर्द्ध-निद्रा की ओर
अपने लक्ष्य को भेदती जा रही थी रेलगाड़ी
भविष्य के सपने बुनती बैठी हजारों सवारी
लालायित सभी मंजिल तक पहुंचने के लिए
एकाएक चीख–पुकार ने कोलाहल कर दिया
सब अपनी जीवन-धरोहर सँभालने के लिए
यात्रियों की चिल्लाहट, मरणासन्न हालत से
देश स्तब्ध, मानवीय भूल ने अपनों से दूर किया
'मानव' एक बार फिर नकारा साबित हो गया

लॉकडाउन

लॉकडाउन में बहुतेरों ने अपने प्रियजनों को खोए
अपनों के न रहने पर न मिलने पर अश्रुपूरित हुए
काम को छोड़ कर अपनों से ही आकर मिल गए
जो जहाँ थे, वहीं रुके रहे अपनों के लिए तड़प गए
प्रवासी का पलायन को देखकर मन पलपल रोया
आजादी के समय का चित्र मस्तिष्क में तो उबरा
बड़ी मुश्किलों में आकर अपना आशियाना छोड़ा
जोड़ा था आशियाना हाथों से आशियानें को तोड़ा
ये टूटना ही तो है टूटना अब इसे नए सिरे से जूझना
कैसा विचित्र विधि का विधानअब होगा क्या निदान
अकल्पनीय महामारी का आना कहाँ किसने जाना
हे ईश्वर! अब आकर समस्या का समाधान सुलझाना

सावन

श्यामल-श्यामल बादलों से गगन घिर रहा है।
जवान रंगत को मानों धरा में बिखेर रहा है।
धरा लहलहाती, इठलाती हुई सी फिर रही है।
रेगिस्तान से मानव-जीवन को संदेश दे रही है।

यमुना का यौवन भी मानों अंगड़ाई ले रहा है।
घन रुपी प्रिय की मन से अगुवाई कर रहा है।
यहाँ-वहाँ हिलोरें लेता हुआ सा फिर रहा है।
प्रिय-विरह में हृदय को व्यथित कर रहा है।

हरे-भरे वृक्षों की शाखाएँ भी बढ़ी जा रही हैं।
बढ़ कर मानों प्रिय का आलिंगन कर रही हैं।
बादल की बूंदें पत्तों में मोती सी चमक रही हैं।
प्रिया-विरह में व्याकुल मानों अश्रु बहा रही हैं।

वन-उपवन-कुंजों में पक्षी कलरव कर रहे हैं।
चहचहाते फुरफुराते हुए नभ में मंडरा रहे हैं।
श्यामल घन को देख कोयल भी कुहुक रही है।
प्रिय-विरह में मानों करुण-क्रंदन कर रही है।

रिश्ते

दुनिया के इस सफर में जीवन और मरण है रिश्ते
सिमटते-सिकुड़ते, बनते-बिगड़ते, खून के घूँट पीते
आँखों की सूनी पुतलियों में परस्पर अपेक्षाएँ रखें
रिश्ते ऐसे नासूर जैसे जो कभी भरे न जा सके
गले में फँसी हड्डी जैसे हृदय-तल न पहुँचे रिश्ते
निजता को सँभालते परस्पर महत्वहीन करते
इस सुंदर स्वस्थ दुनिया मे ऐसे असुंदर रिश्ते
विश्वास से अविश्वास, मधुरता से कटुता की ओर
प्रेम से घृणा की ओर बढ़ते ही जा रहे हैं रिश्ते
यह हृदय की विवशता, समाज की अनिवार्यता
जिसके न होने पर मानव की पहचान नहीं
रिश्ते निभाने पर मानव भी मानव नहीं

मानव

तुम कौन थे? क्या हो गए?
क्या होंगे अभी, अब हम समझेंगे
ये जरूरतें सभी
आशाओं और आकांक्षाओं का
लिबास ओढ़े हुए
अहंकार और अभिमान से
लबालब भरे हुए
अपने को नियंता मानें हुए
पर मानव, तुम एक विषाणु के
सामने असहाय हो गए
शक्ति सम्पन्न होते हुए
निरूपाय हो गए
आज प्रकृति और भगवान
एकाकार हो गए
समय के चक्र को पहचाने
नए ढंग से जीना सीखें
मास्क पहनें, हाथ धोए,
सामाजिक दूरी बनाए रखें

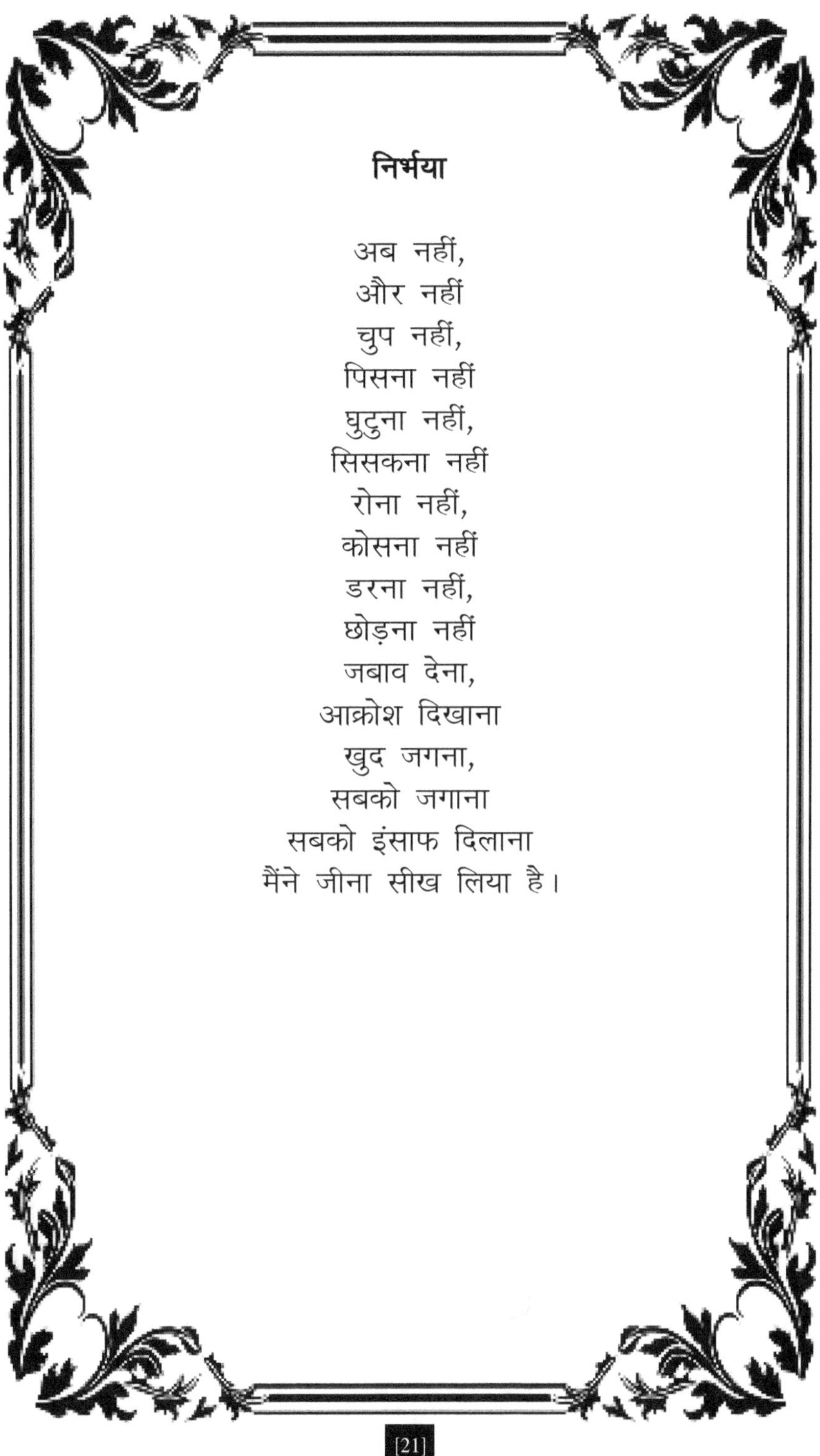

निर्भया

अब नहीं,
और नहीं
चुप नहीं,
पिसना नहीं
घुटना नहीं,
सिसकना नहीं
रोना नहीं,
कोसना नहीं
डरना नहीं,
छोड़ना नहीं
जबाव देना,
आक्रोश दिखाना
खुद जगना,
सबको जगाना
सबको इंसाफ दिलाना
मैंने जीना सीख लिया है।

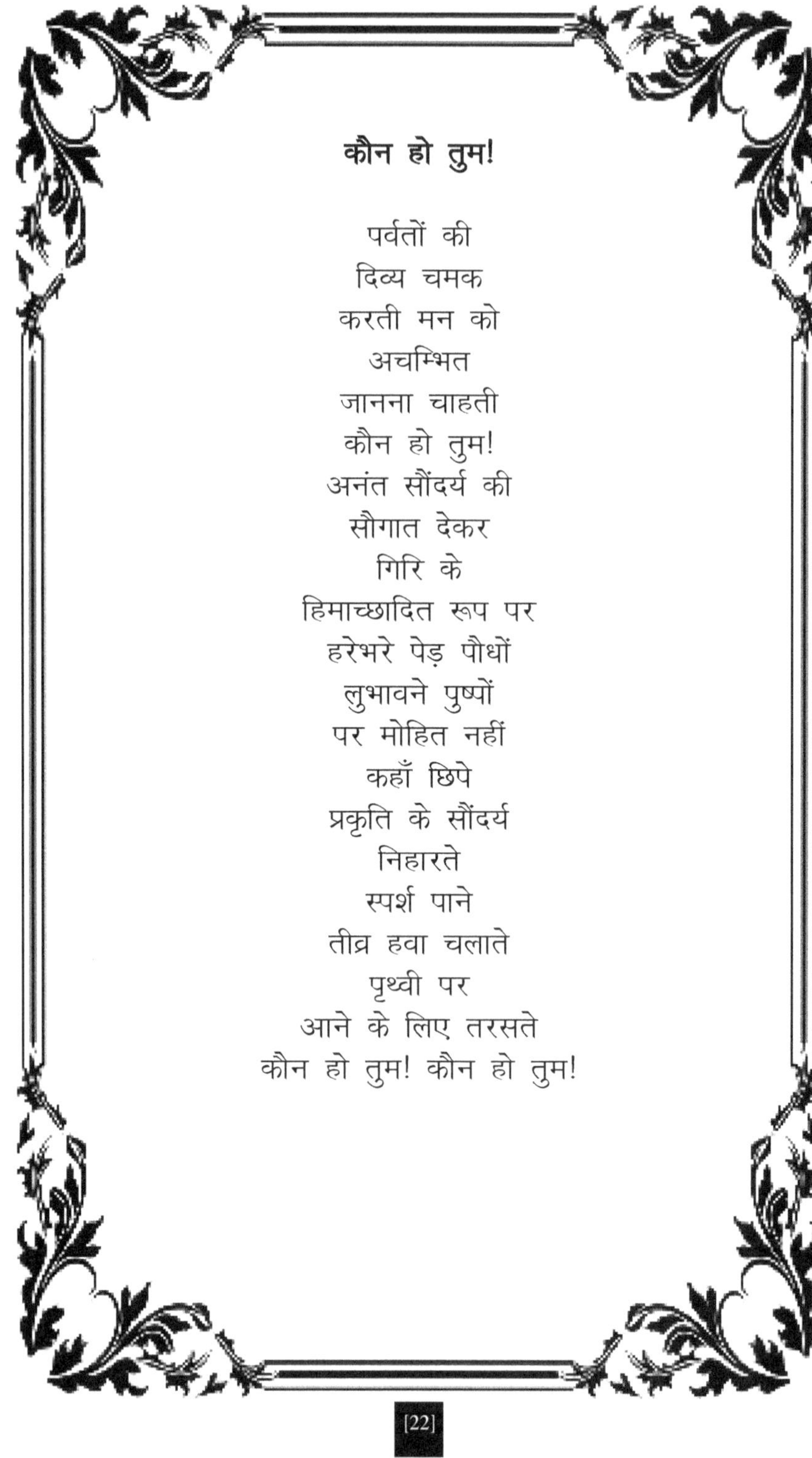

कौन हो तुम!

पर्वतों की
दिव्य चमक
करती मन को
अचम्भित
जानना चाहती
कौन हो तुम!
अनंत सौंदर्य की
सौगात देकर
गिरि के
हिमाच्छादित रूप पर
हरेभरे पेड़ पौधों
लुभावने पुष्पों
पर मोहित नहीं
कहाँ छिपे
प्रकृति के सौंदर्य
निहारते
स्पर्श पाने
तीव्र हवा चलाते
पृथ्वी पर
आने के लिए तरसते
कौन हो तुम! कौन हो तुम!

बसंत

नवबसंत के आगमन से उत्साहित
पीले-पीले सरसों के फूलों से
हरे-भरे वृक्षों पर लदे
रंग-बिरंगे फूल-फलों से सुगंधित
भवरों से गुंजारित
मन के भाव तरंगित
नव बसंत का आगमन।
बर्फ से आच्छादित
ऊँची-ऊँची पहाड़ियाँ
निज सौन्दर्य से
गगन को उन्मादित कर
नववधू सम प्रमुदित,
सुसज्जित आलिंगनबद्ध
क्षितिज पर
नव बसंत का आगमन
पीत-वर्ण सूर्य की दीप्ति से
पहाड़ी आलोकित
श्यामल-श्यामल बादल ने
गौरवर्णा से आकर्षित होकर
मन की बात कही
पहाड़ी गर्वित है रूप पर
ऐंठी है बादल पर
व्याकुलता से बादल
बरस कर आह्लादित हुआ
नव बसंत का आगमन

हिंदी

हिंदी है पहचान हमारी, नहीं हो कभी न्यारी
वैज्ञानिकता है निशानी, भाषाओं में निराली
जैसा बोला हो वैसा इसमें लिपिबद्ध होता
इस अद्भुत संगम का परिचय कहीं मिलता

हिंदी में अपनत्व, परिधि में इसकी घनता है
हिंदी से ममत्व हमें, हिंदी हमारी निजता है
हार्डवेयर में चाहे अंग्रेजी साफ्टवेयर में हिंदी
मन में हिंदी, वतन है हिंदी, बोली हिंदुस्तानी

वर्णमाला व्यवस्थित होना इसकी पहचान
स्वरों और व्यंजनों का अलग है अभिराम
कंठ, तालु, मूर्द्धा, दंत और ओष्ठ संयोजन
अंतस्थ, उष्म, घोष, अघोष और अनुस्वार

संस्कृत से जन्मी, उससे ही संस्कारित है
इसलिए भाषा हिंदी सबसे सम्मानित है
क्या जरूरत है? हिंदी –दिवस मनाने की
क्या किसी से भी हमने कमजोर मानी

हैलो की संस्कृति से नमस्ते अब जुबानी
जय-हिंद, जय –हिंदी और जय-भारती
विश्व में है बाजारवाद का ही गठजोड़ है
भारत में हिंदी की है पहचान बेजोड़ है

फुटपाथ

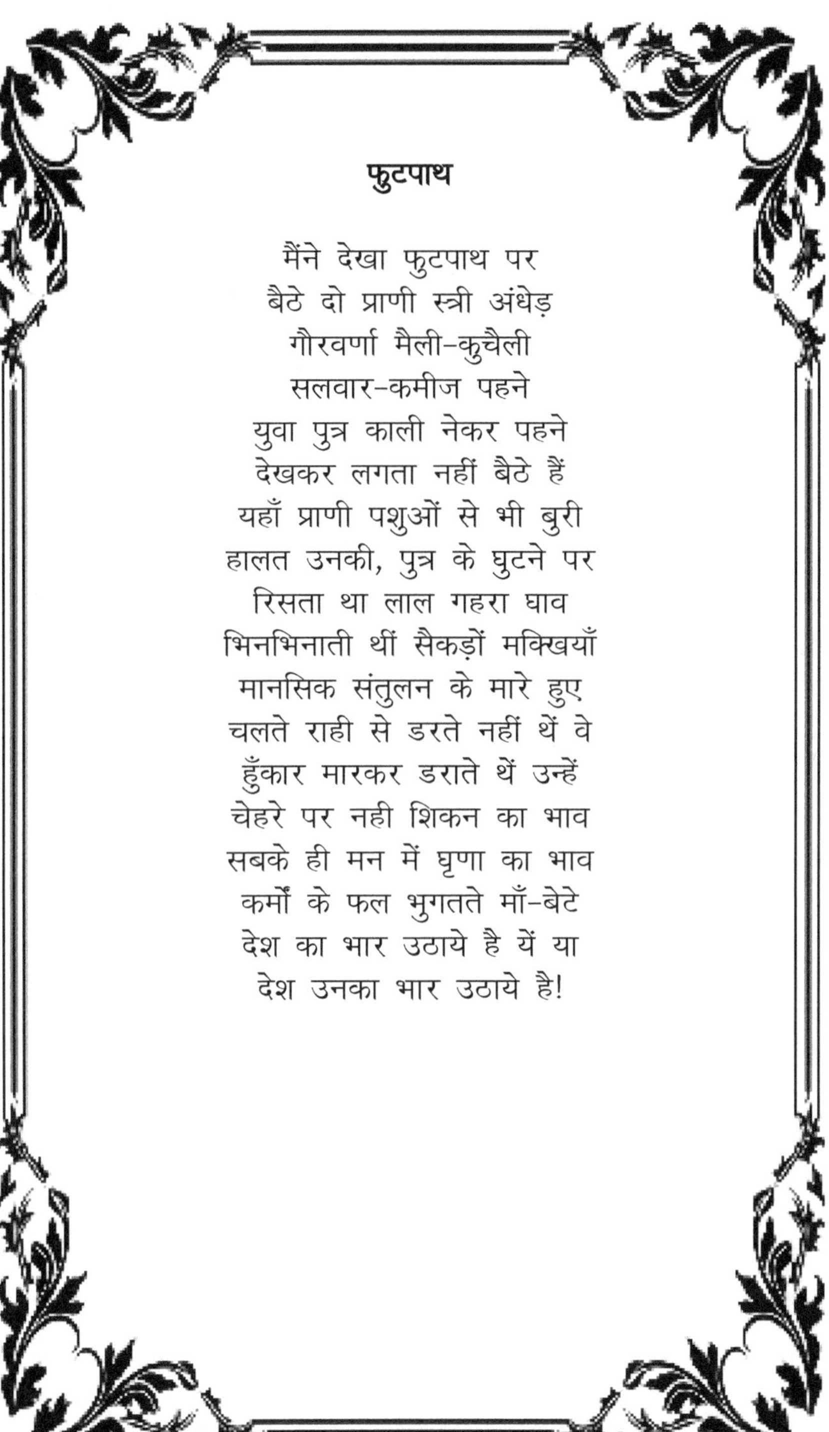

मैंने देखा फुटपाथ पर
बैठे दो प्राणी स्त्री अंधेड़
गौरवर्णा मैली-कुचैली
सलवार-कमीज पहने
युवा पुत्र काली नेकर पहने
देखकर लगता नहीं बैठे हैं
यहाँ प्राणी पशुओं से भी बुरी
हालत उनकी, पुत्र के घुटने पर
रिसता था लाल गहरा घाव
भिनभिनाती थीं सैकड़ों मक्खियाँ
मानसिक संतुलन के मारे हुए
चलते राही से डरते नहीं थें वे
हुँकार मारकर डराते थें उन्हें
चेहरे पर नही शिकन का भाव
सबके ही मन में घृणा का भाव
कर्मों के फल भुगतते माँ-बेटे
देश का भार उठाये है यें या
देश उनका भार उठाये है!

आशा का दीप

सोचा था क्या, हो गया यहाँ क्या?
जैसा हुआ, वैसा कभी सोचा न था
जो इंसान सोचता है, होता नहीं है
क्यों नहीं सोचता है, जो होना होता है

नहीं जो होना, वहीं सोचता रहता है
यहीं तो भगवान इंसान से ऊँचा है
वह वहीं सोचता है, जो होना होता है
वहीं करता है, जो करना होता है

ईश्वर उनकी मदद करता है इंसान
घर पर रहे, करेंगे मुश्किलें आसान
दिये जलाए, मन के मिटाएंगे संताप
निराशा भगेगी आशाएँ जगेगी अपार

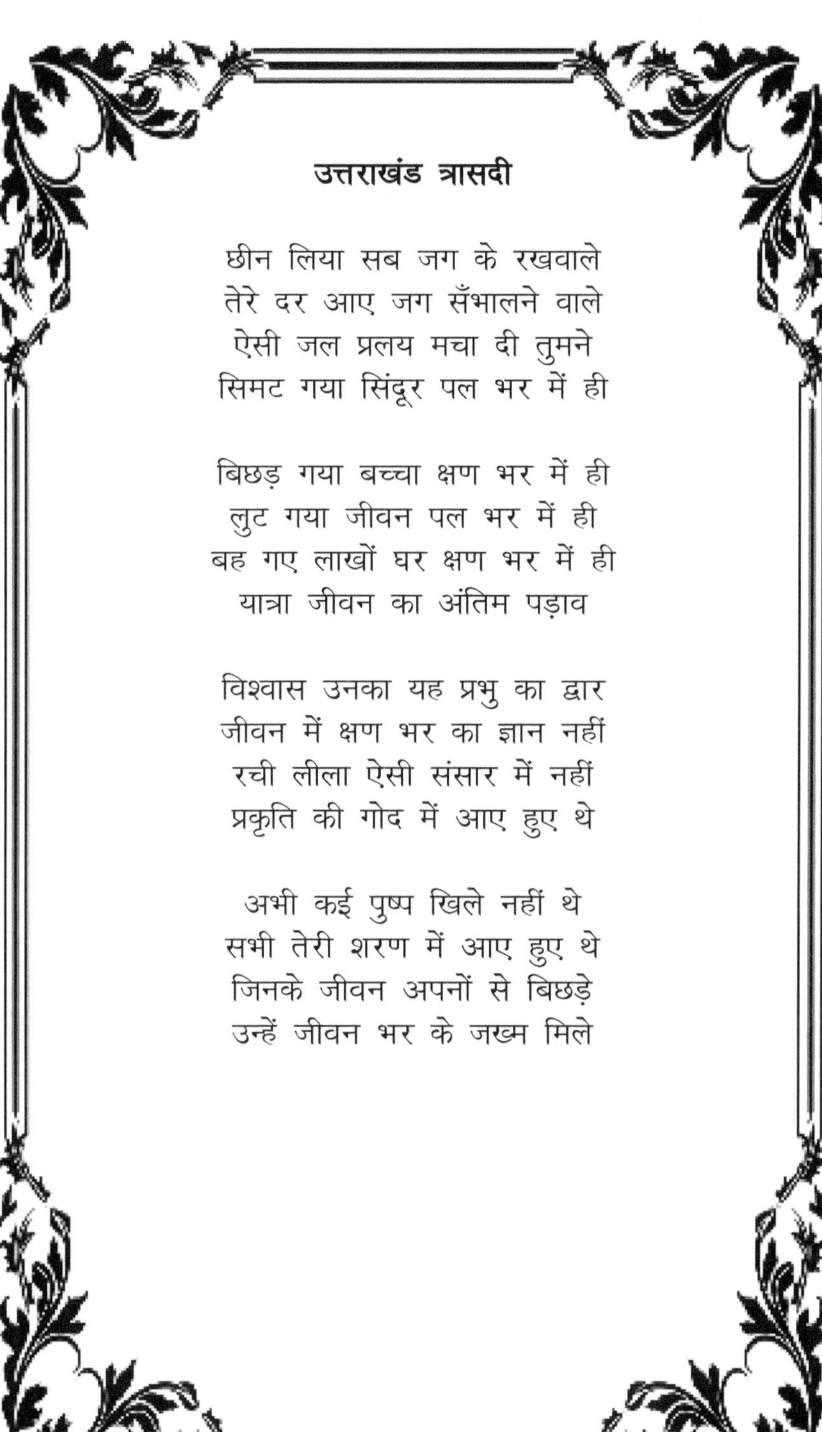

उत्तराखंड त्रासदी

छीन लिया सब जग के रखवाले
तेरे दर आए जग सँभालने वाले
ऐसी जल प्रलय मचा दी तुमने
सिमट गया सिंदूर पल भर में ही

बिछड़ गया बच्चा क्षण भर में ही
लुट गया जीवन पल भर में ही
बह गए लाखों घर क्षण भर में ही
यात्रा जीवन का अंतिम पड़ाव

विश्वास उनका यह प्रभु का द्वार
जीवन में क्षण भर का ज्ञान नहीं
रची लीला ऐसी संसार में नहीं
प्रकृति की गोद में आए हुए थे

अभी कई पुष्प खिले नहीं थे
सभी तेरी शरण में आए हुए थे
जिनके जीवन अपनों से बिछड़े
उन्हें जीवन भर के जख्म मिले

नववर्ष २०२१

नववर्ष का शुभ आगमन
मुदित सर्वजन लिए फूलों का हार
कर रहे है इंतजार बार-बार
आ रही पदचाप निरंतर
नववर्ष का शुभ आगमन।
अब होगी दस्तक द्वार-द्वार
कठिन समय सबने सहा है
बहुत सबक सीखे, बहुतेरों ने
आँखें नम किए है पूरे साल
नववर्ष का शुभ आगमन।
अब यही कामना है हमारी
रहे न कभी अब महामारी
भारत हो विश्व-विजयी
वेक्सीन मिलेगी घर-घर
नववर्ष का शुभ आगमन।
अब नहीं हो कोई डर
निश्चिंत होकर आए घर
निर्भय हो जाए संसार
ऐसा आए न साल, सालों-साल
नववर्ष का शुभ आगमन।
नए संकल्प, नए भाव को
एक सूत्र में करके, पिरोए
शब्द-शब्द मनके, देखे आर-पार
नववर्ष का शुभ आगमन
हो रहा मुदित सर्वजन

प्रिय पुत्र अपूर्व के सोलहवें जन्मदिन पर

सोलहवें वर्ष का तोहफा नायाब
तुम्हें भेंट देती मैं कुछ अल्फाज

तुम्हें सीखना है नित्य उम्र भर
तुम्हें पहचानना है प्रत्येक क्षण

करना तुम्हें तय एक लम्बा सफर
गलत नहीं हो हम किसी क्षण

जरूरत पड़े किसी को तुम्हारी
छोड़ देना अपना अभिमान भी

उम्मीदों का दामन पकड़ोगे तुम
खो नही आत्मविश्वास किसी क्षण

दुविधा और कश्मकश में हो तुम
संयमित हो लेना निर्णय तत्क्षण

आऐंगे तुम्हारी जिंदगी में मित्र
उन्हें विवेक से तौलना तत्क्षण

शिक्षा जीवन का खूबसूरत पल
खोना नहीं, तुम्हें किसी भी क्षण

मातपिता गुरुओं का करना मान
पहचान बनना उनकी प्रत्येक क्षण

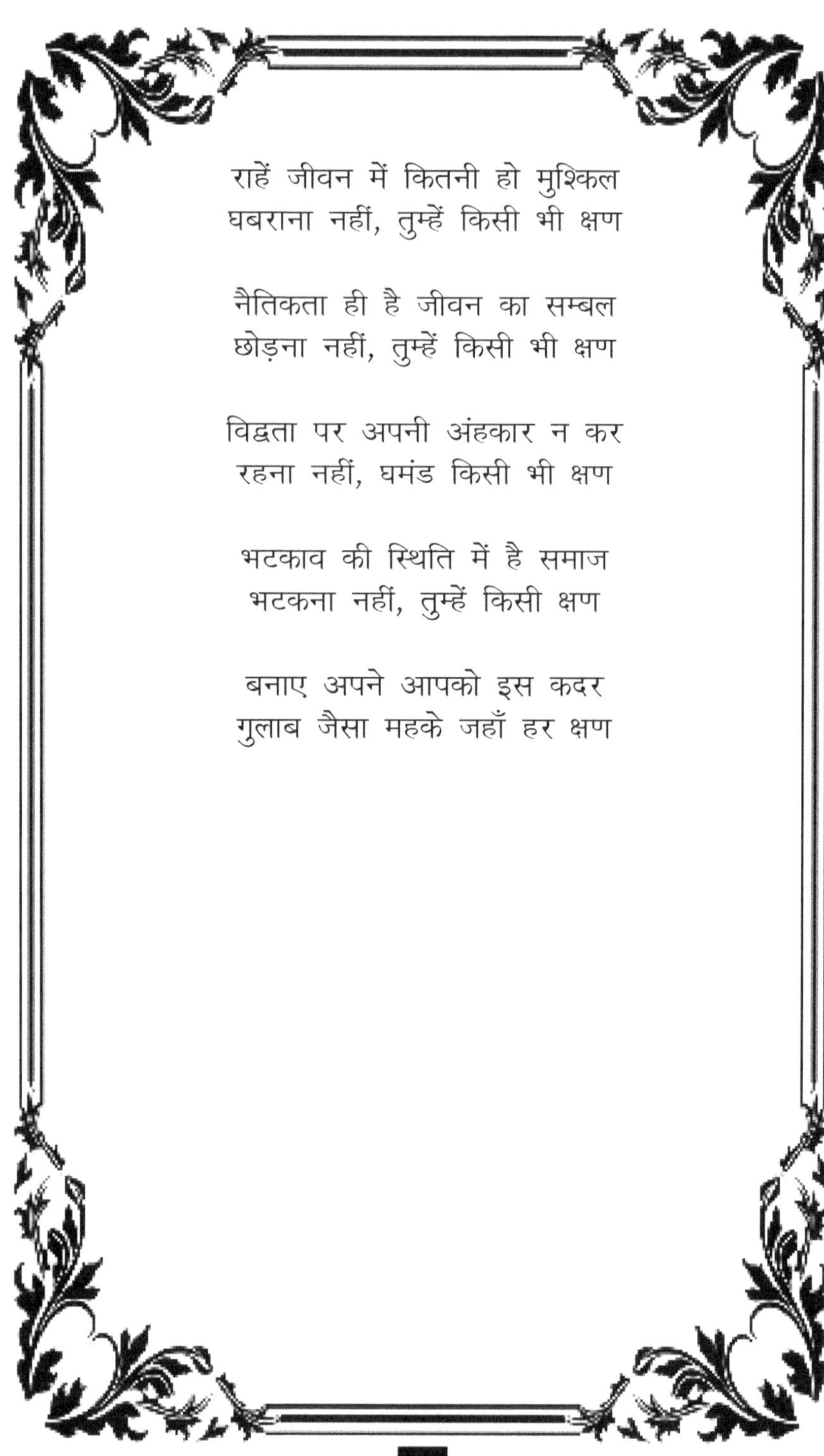

राहें जीवन में कितनी हो मुश्किल
घबराना नहीं, तुम्हें किसी भी क्षण

नैतिकता ही है जीवन का सम्बल
छोड़ना नहीं, तुम्हें किसी भी क्षण

विद्वता पर अपनी अंहकार न कर
रहना नहीं, घमंड किसी भी क्षण

भटकाव की स्थिति में है समाज
भटकना नहीं, तुम्हें किसी क्षण

बनाए अपने आपको इस कदर
गुलाब जैसा महके जहाँ हर क्षण

प्रिय पुत्री अनुष्का के सोलहवें जन्मदिन पर

मेरी प्यारी सी बिटिया
सोलहवें साल में प्रवेश तुम्हारा
कैसे बीते दिन, समझ नहीं आया

कल की ही बात लगती
जब हमारे जीवन में प्रवेश किया
तुम्हारा नित-नवीन स्नेह मिला

बेटी जीवन का प्रतिबिंब
उस पर देख सकती हूँ मैं आईना
सुंदर, शीतल, निर्मल और सलोना

बेटी एक अस्तित्व बनी
वजूद उसे भी है अपना सँभालना
समय के अनुरूप ही तुम्हें चलना

जिंदगी भी आसान लगती
जब देखती हूँ तुम्हारा मुस्कराना
मैं चाहती हूँ तुमको आगे बढ़ाना

जीवन से भी सीख मिलती
मुश्किलों में हमें कैसे है निपटना
चाहे हवाएँ विपरीत हो कितना

बिटिया हर डगर की साथी
मुश्किलों में भी काम वो आती
परेशानियों में साथ वो निभाती

तभी तो मन को भाती
बिटिया हमारी बहुत ही प्यारी
शान उसकी बहुत निराली

सत्य

सत्य हूँ?
असत्य हूँ?
दोनों पाटों में दबी
जिंदगी
असत्य को ही
सत्य स्वीकारती

जिधर देखती हूँ
असत्य सत्य पर हावी
मन की अवस्था
व्यवस्था को नकारती

सान्त्वना

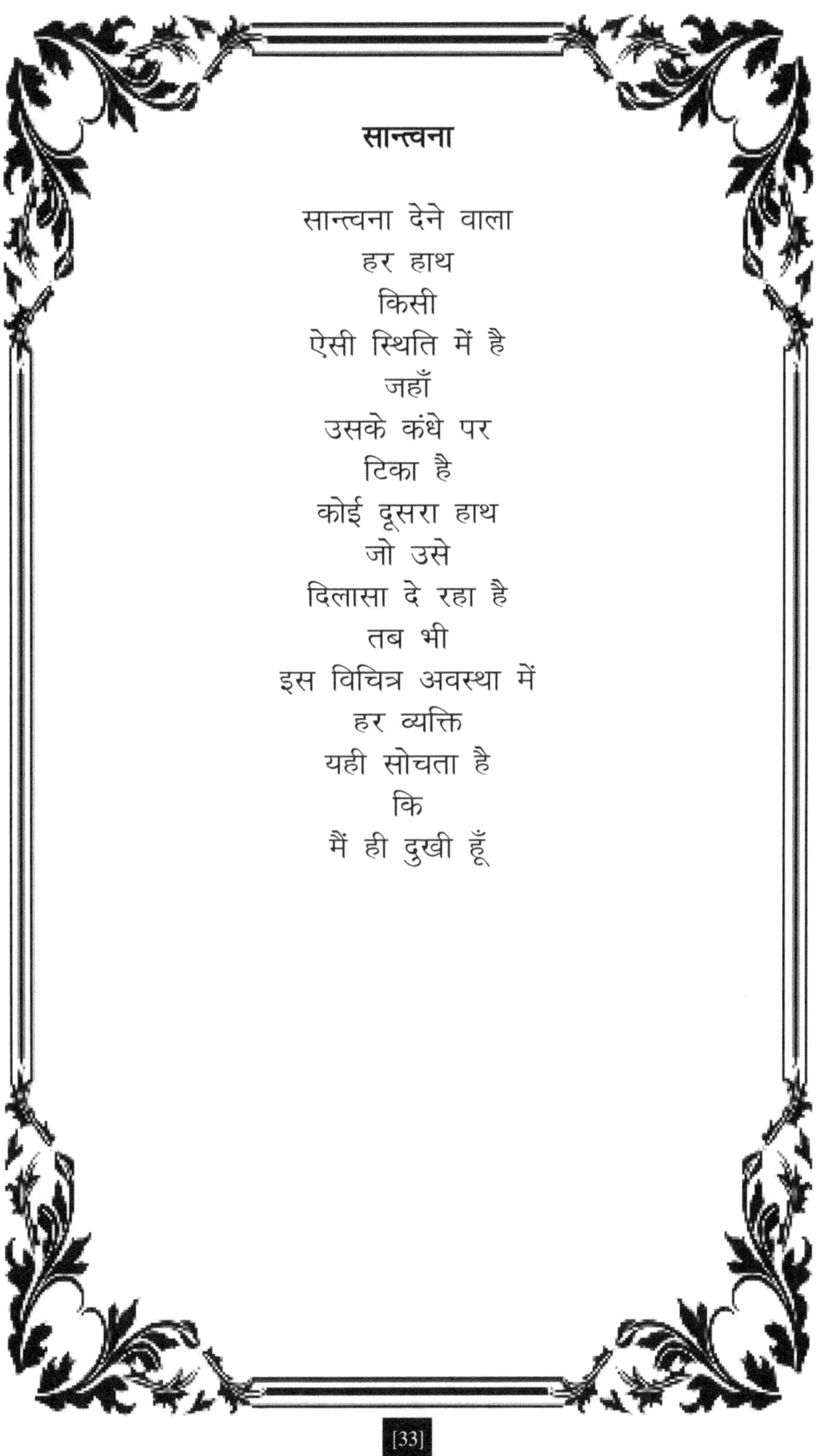

सान्त्वना देने वाला
हर हाथ
किसी
ऐसी स्थिति में है
जहाँ
उसके कंधे पर
टिका है
कोई दूसरा हाथ
जो उसे
दिलासा दे रहा है
तब भी
इस विचित्र अवस्था में
हर व्यक्ति
यही सोचता है
कि
मैं ही दुखी हूँ

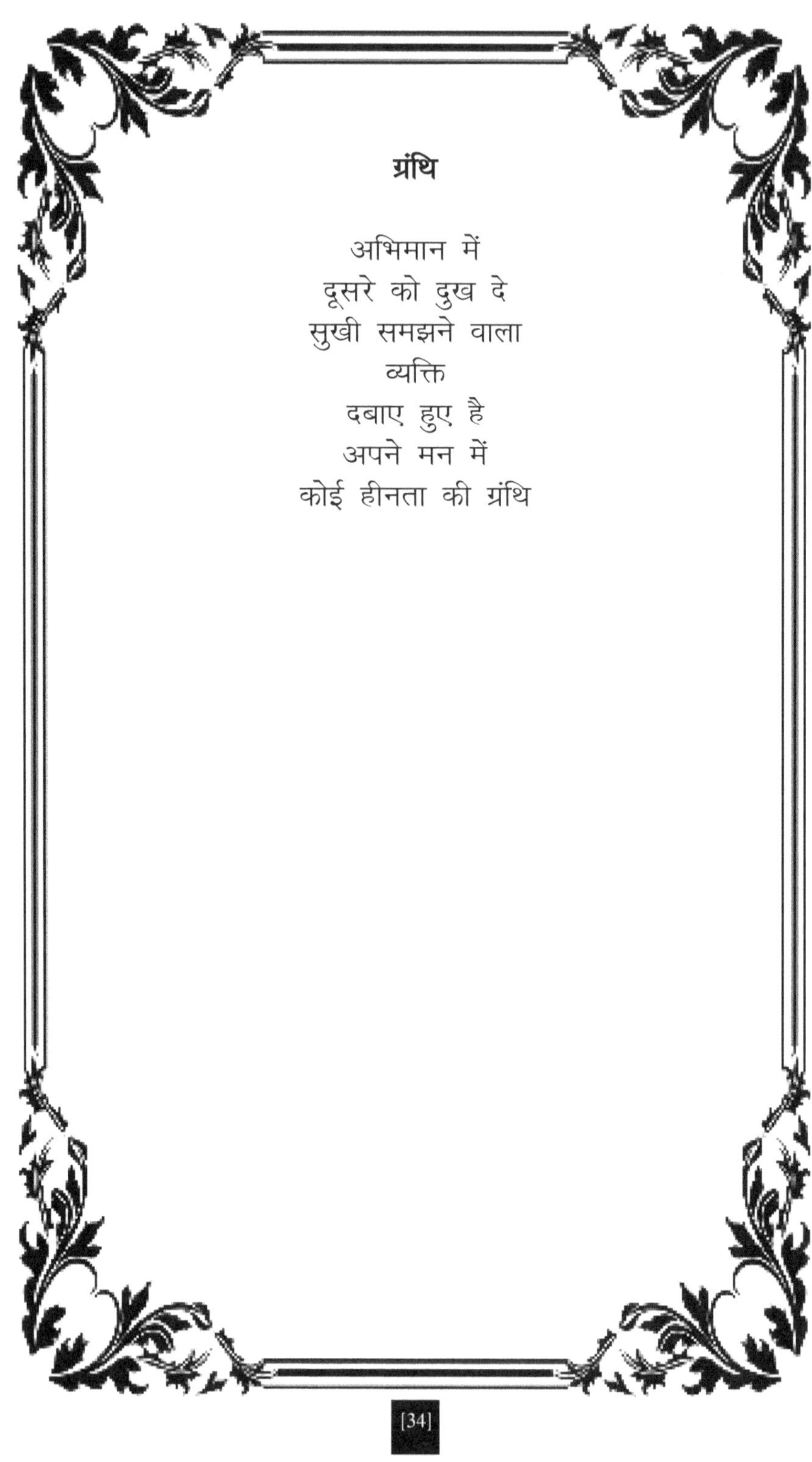

ग्रंथि

अभिमान में
दूसरे को दुख दे
सुखी समझने वाला
व्यक्ति
दबाए हुए है
अपने मन में
कोई हीनता की ग्रंथि

आकांक्षा

आसमान में उड़ती चिड़िया
महत्त्वाकांक्षाओं की डोर से
बँधी जानना चाहती
संसार के गूढ़तम रहस्यों को
छद्मवेषधारी शिकारी
निशाना तानते हैं
घायल करके छोड़ते हैं
तब भी बची साँसें
देखना चाहती है
सुंदर-सत्य-शिव-रूप
जो कहीं संसार में बसा हैं

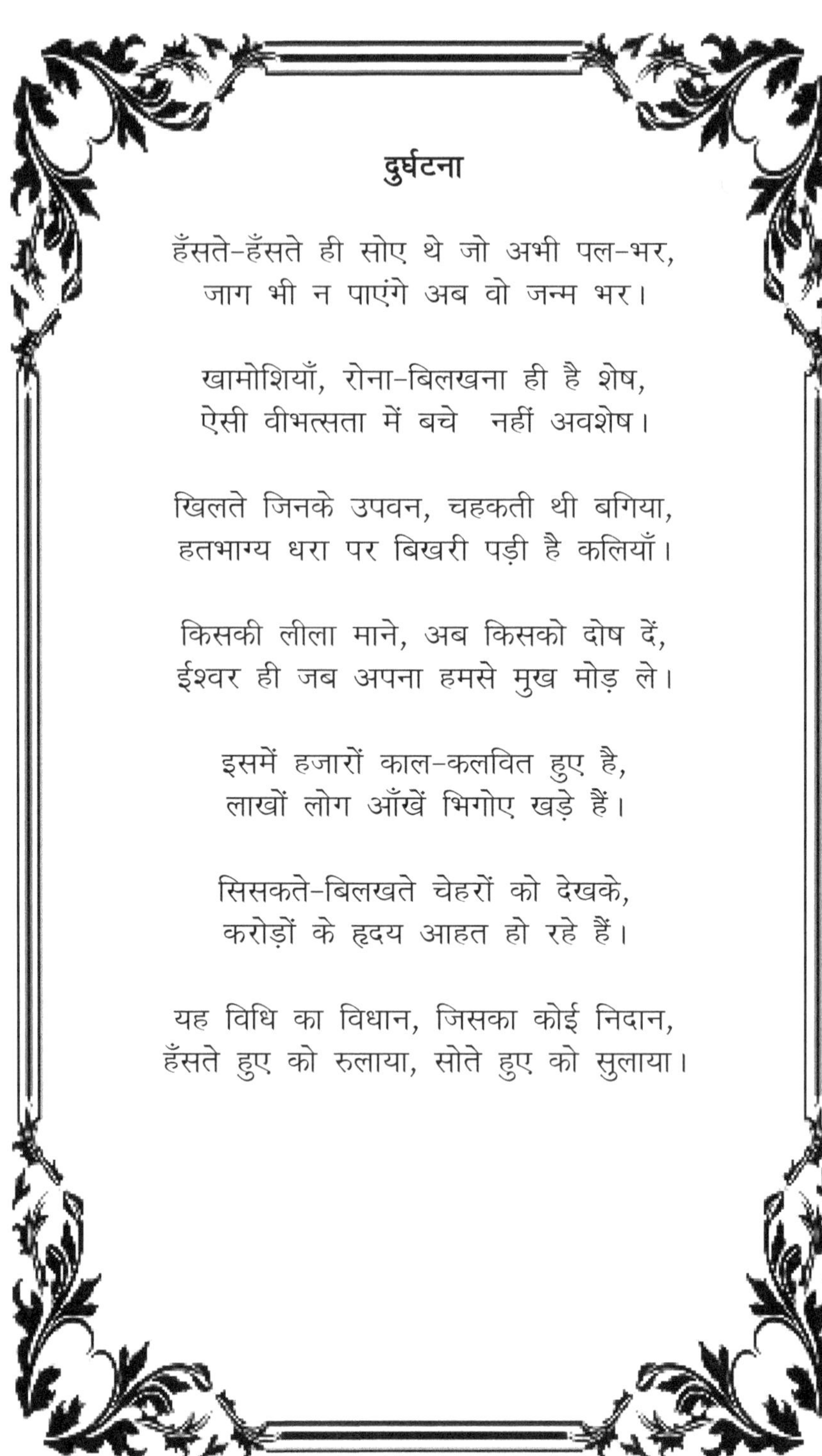

दुर्घटना

हँसते-हँसते ही सोए थे जो अभी पल-भर,
जाग भी न पाएंगे अब वो जन्म भर।

खामोशियाँ, रोना-बिलखना ही है शेष,
ऐसी वीभत्सता में बचे नहीं अवशेष।

खिलते जिनके उपवन, चहकती थी बगिया,
हतभाग्य धरा पर बिखरी पड़ी है कलियाँ।

किसकी लीला माने, अब किसको दोष दें,
ईश्वर ही जब अपना हमसे मुख मोड़ ले।

इसमें हजारों काल-कलवित हुए है,
लाखों लोग आँखें भिगोए खड़े हैं।

सिसकते-बिलखते चेहरों को देखके,
करोड़ों के हृदय आहत हो रहे हैं।

यह विधि का विधान, जिसका कोई निदान,
हँसते हुए को रुलाया, सोते हुए को सुलाया।

मानवता

मानव में है मानवता,
मानवता से है मानव
दोनों का विवाद हुआ
खेलते थे जो साथ में
आज उनका
मन-मुटाव हो रहा है
मानव जहाँ है
अब मानवता
नहीं वहाँ है

प्रवासी मजदूर

प्रवासी मजदूर घर लौटने को मजबूर
क्यों नहीं थे उनके कंधे इतने मजबूत
बेबसी और लाचारी ही सिर्फ खाने को
झेल रहे है सभी कारोना महामारी को

दुख और परेशानी का ही सबब बनती
रुक जाती गर मजबूर मजदूर की गति
जब कहीं से कोई उम्मीद नहीं दीखती
उस स्थिति में घर की दहलीज मिलती

बिन भोजन बिन जल और बिन वाहन
देखकर दुख होता मजदूरों की हालत
यह कारोना इतना निर्दयी न बन पाता
ईश्वरीय सत्ता का सहारा मिल जाता

रहनुमाई का जज्बा हमारे दिलों में हो
जहाँ तक हो सके उनकी हिफाजत हो
मजदूरों! तुम सब भी नहीं रहोंगे मजबूर
तुम्हारे बिना हम सब हो जाएँगे मजबूर

कहेंगे कहीं से तो लाओ हमारे मजदूर
उनके साथ ही तो है हम सभी मजबूत
कुदरत को न जाने है क्या अभी मंजूर
हम सभी करें उनका जीवन महफूज

भारत का गौरव

धोनी, भारत का गौरव हो, तुम पर हमें नाज हैं।
कोई तुम्हारे जैसा हो, मुमकिन नहीं आज है।
तुम सफल यौद्धा हो, जीवन एक संग्राम है।
जीवन में क्षण को सीखना, तुम्हारा पैगाम है।

विपरीत परिस्थितियों में हमेशा तटस्थ रहे।
जब कोई मुश्किल घड़ी हो, हमेशा डटे रहे।
न कोई खीझ, न झुँझलाहट, नित्य शांत रहे।
रनों के कितने लक्ष्य हो? पूर्ण नित्य करते रहे।

तुम्हारा तो जीवन ही एक संस्थान है।
नए खिलाड़ियों के लिए भी वरदान है।
कब, किसको, कितना संयम रखना है?
यह युवा पीढ़ी को तुमसे ही सीखना है।

प्रशंसकों को यह बात भी जग जाहिर है।
माही क्रिकेट में निर्णय लेने में माहिर है।
भारत का सपूत बड़ा जांबाज सिपाही है।
अंतर्राष्ट्रीय क्रिकेट से माही की रिहाई है।

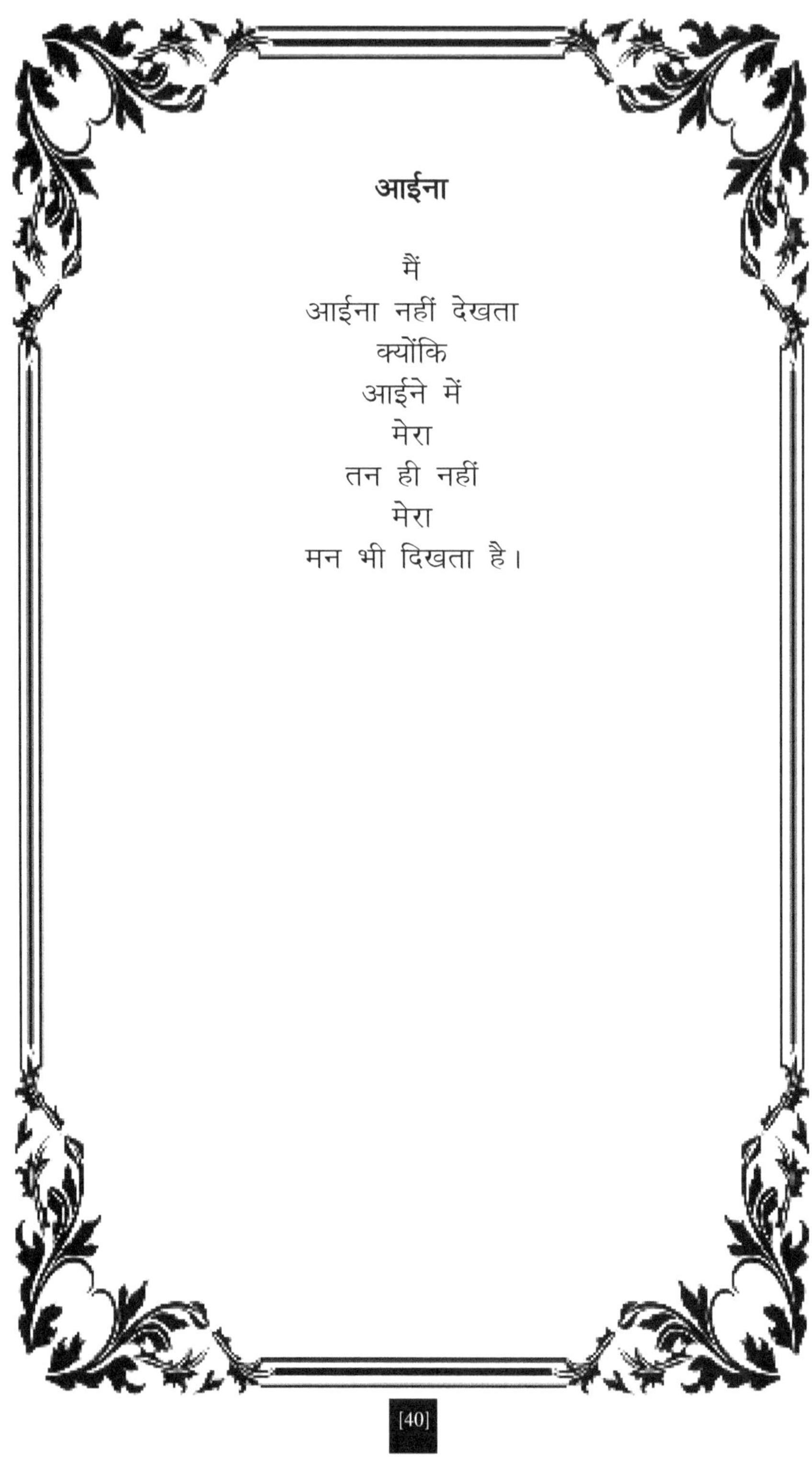

आईना

मैं
आईना नहीं देखता
क्योंकि
आईने में
मेरा
तन ही नहीं
मेरा
मन भी दिखता है।

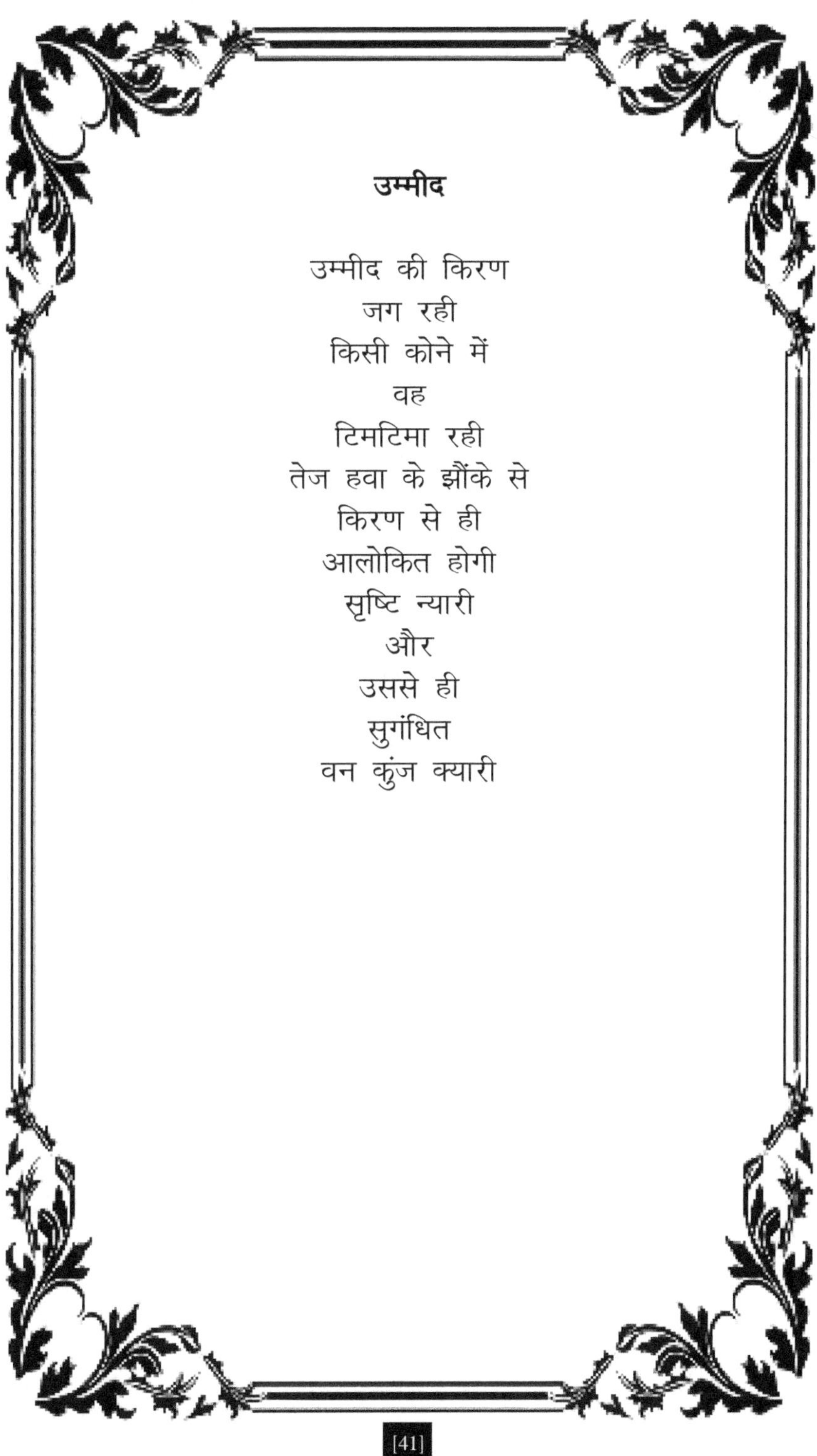

उम्मीद

उम्मीद की किरण
जग रही
किसी कोने में
वह
टिमटिमा रही
तेज हवा के झोंके से
किरण से ही
आलोकित होगी
सृष्टि न्यारी
और
उससे ही
सुगंधित
वन कुंज क्यारी

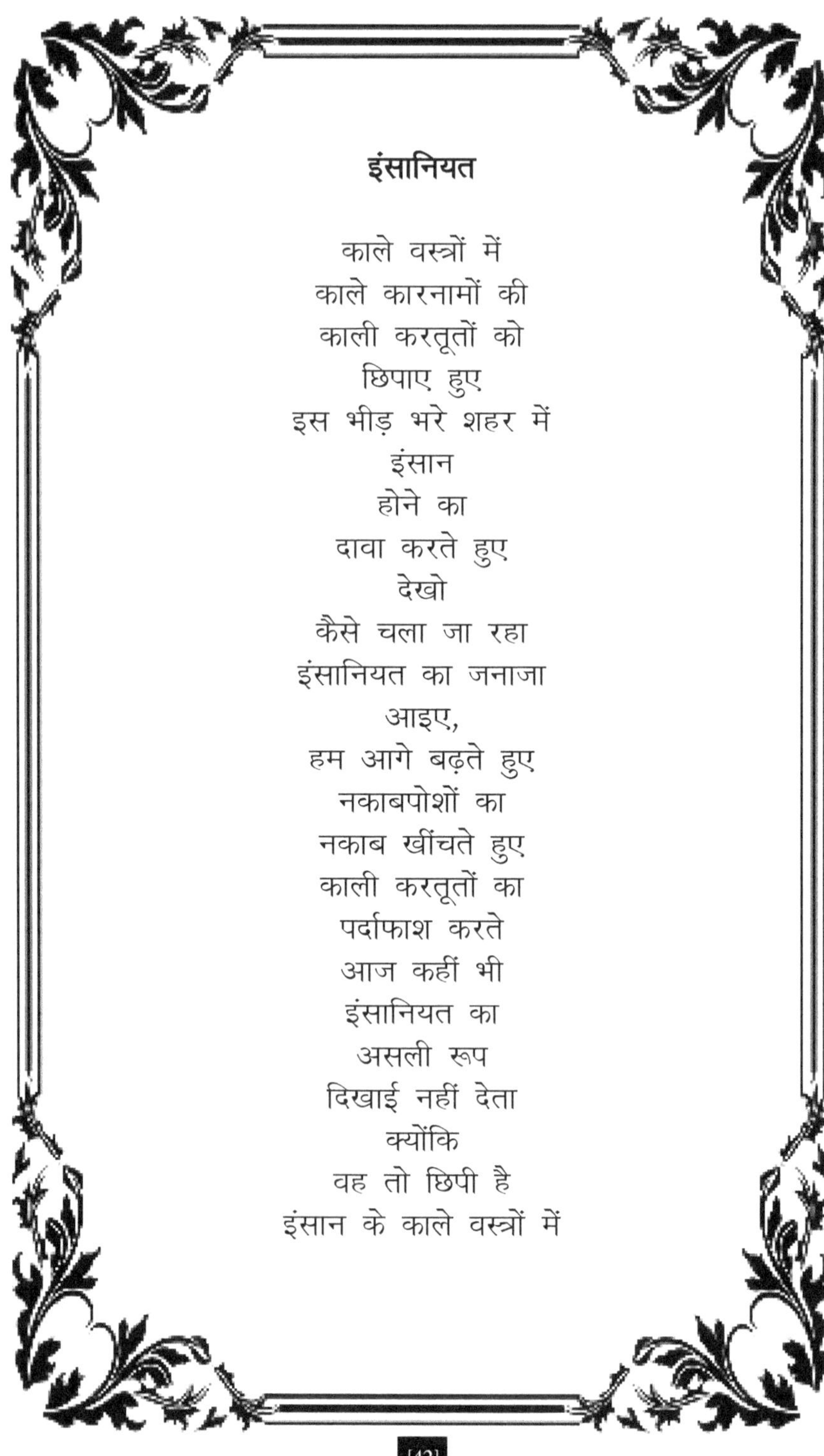

इंसानियत

काले वस्त्रों में
काले कारनामों की
काली करतूतों को
छिपाए हुए
इस भीड़ भरे शहर में
इंसान
होने का
दावा करते हुए
देखो
कैसे चला जा रहा
इंसानियत का जनाजा
आइए,
हम आगे बढ़ते हुए
नकाबपोशों का
नकाब खींचते हुए
काली करतूतों का
पर्दाफाश करते
आज कहीं भी
इंसानियत का
असली रूप
दिखाई नहीं देता
क्योंकि
वह तो छिपी है
इंसान के काले वस्त्रों में

विवशताएँ

मेरी विवशताएँ बढ़ती दिन-प्रतिदिन ऐसे
विवश हो गई मेरी लेखनी बोलने के लिए
विवश हूँ सुनने और चुप रहने के लिए
विवश हूँ मैं अपनी सीमाओं के आगे
विवश हूँ मैं उन नग-धड़ग धूल से सने
भूख से बिलखते बच्चों को देखने के लिए
विवश हूँ मैं धन के लिए चरमसीमा लाँघते
विवश हूँ मैं घुटनों पर सिर रखे कन्याएँ
विवश हूँ मैं माँ-बाप की बेटियाँ रोती
दरिंदों का शिकार बन कालग्रस्त होती
विवश हूँ मैं जो वोटों की राजनीति करते
विवशता के दौर से गुजर रहा मैं ऐसे
विवश ही हो गया जीने के लिए

किरण

किरण हूँ!
किरण हूँ! किरण हूँ!
पल भर में
हो जाती हिरण हूँ
टिकती नहीं मैं
एक भी क्षण हूँ
फिसलती हाथ से
जैसे रेत हूँ

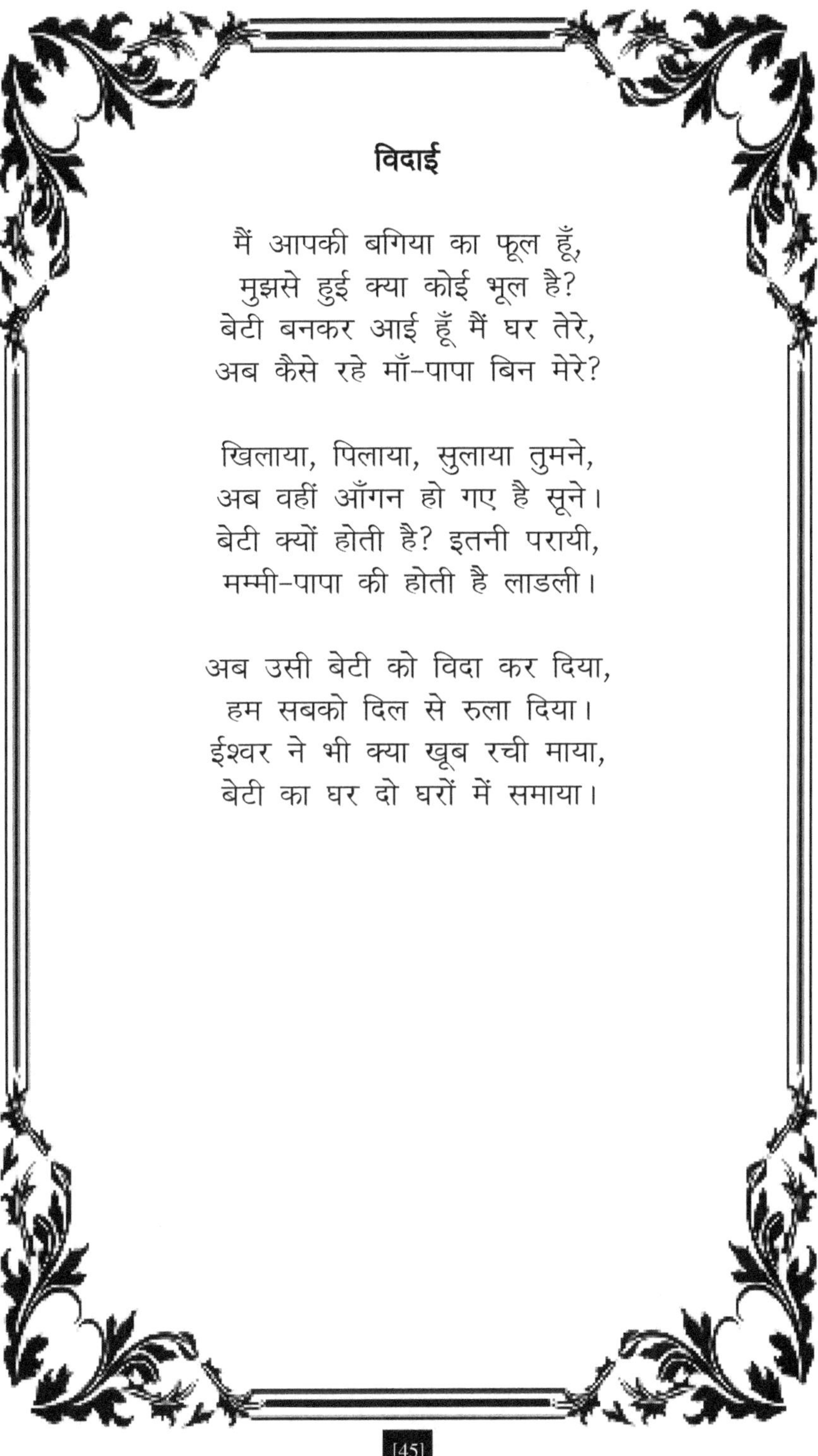

विदाई

मैं आपकी बगिया का फूल हूँ,
मुझसे हुई क्या कोई भूल है?
बेटी बनकर आई हूँ मैं घर तेरे,
अब कैसे रहे माँ–पापा बिन मेरे?

खिलाया, पिलाया, सुलाया तुमने,
अब वहीं आँगन हो गए है सूने।
बेटी क्यों होती है? इतनी परायी,
मम्मी–पापा की होती है लाडली।

अब उसी बेटी को विदा कर दिया,
हम सबको दिल से रुला दिया।
ईश्वर ने भी क्या खूब रची माया,
बेटी का घर दो घरों में समाया।

इज्जत

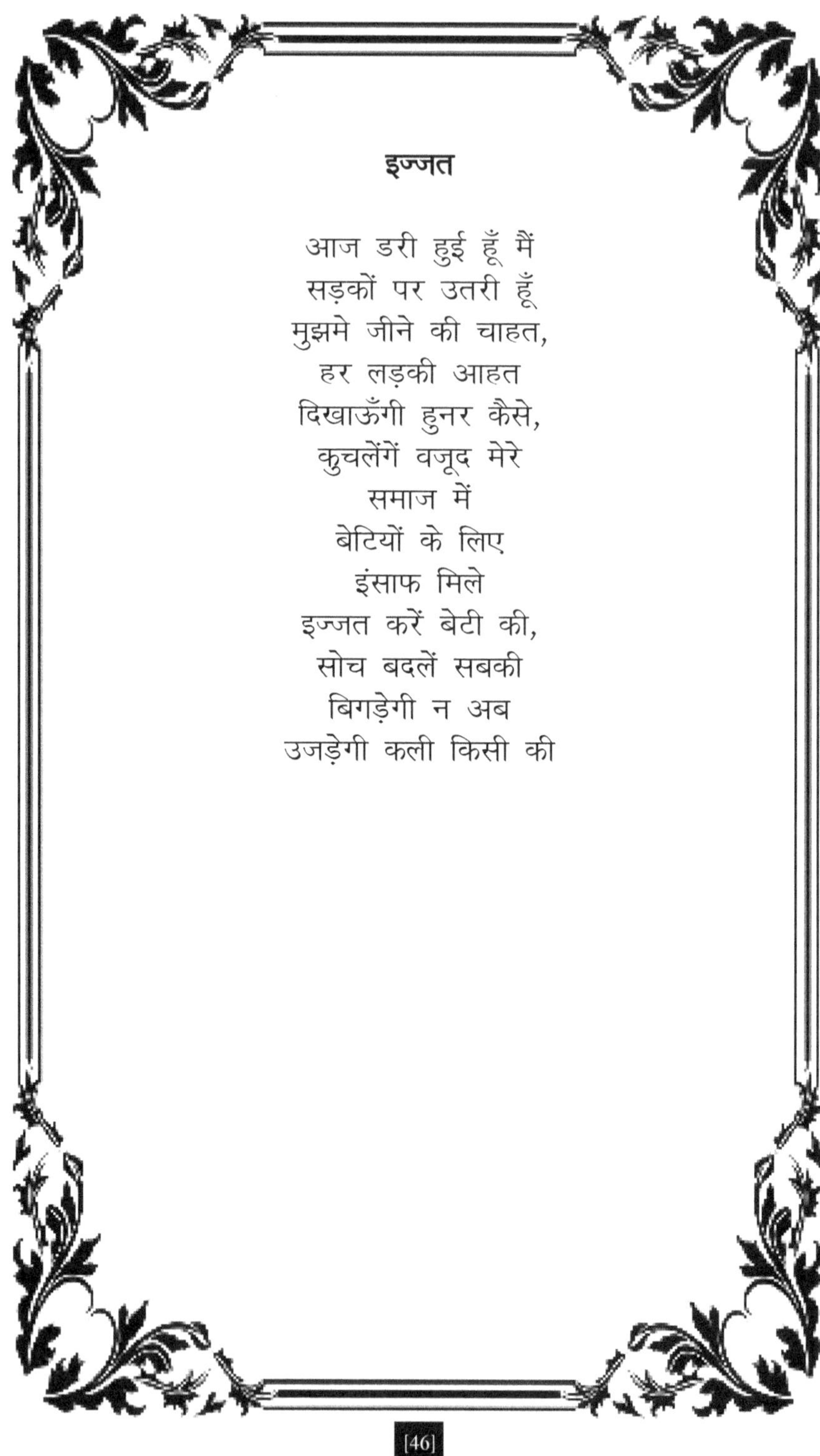

आज डरी हुई हूँ मैं
सड़कों पर उतरी हूँ
मुझमे जीने की चाहत,
हर लड़की आहत
दिखाऊँगी हुनर कैसे,
कुचलेंगे वजूद मेरे
समाज में
बेटियों के लिए
इंसाफ मिले
इज्जत करें बेटी की,
सोच बदलें सबकी
बिगड़ेगी न अब
उजड़ेगी कली किसी की

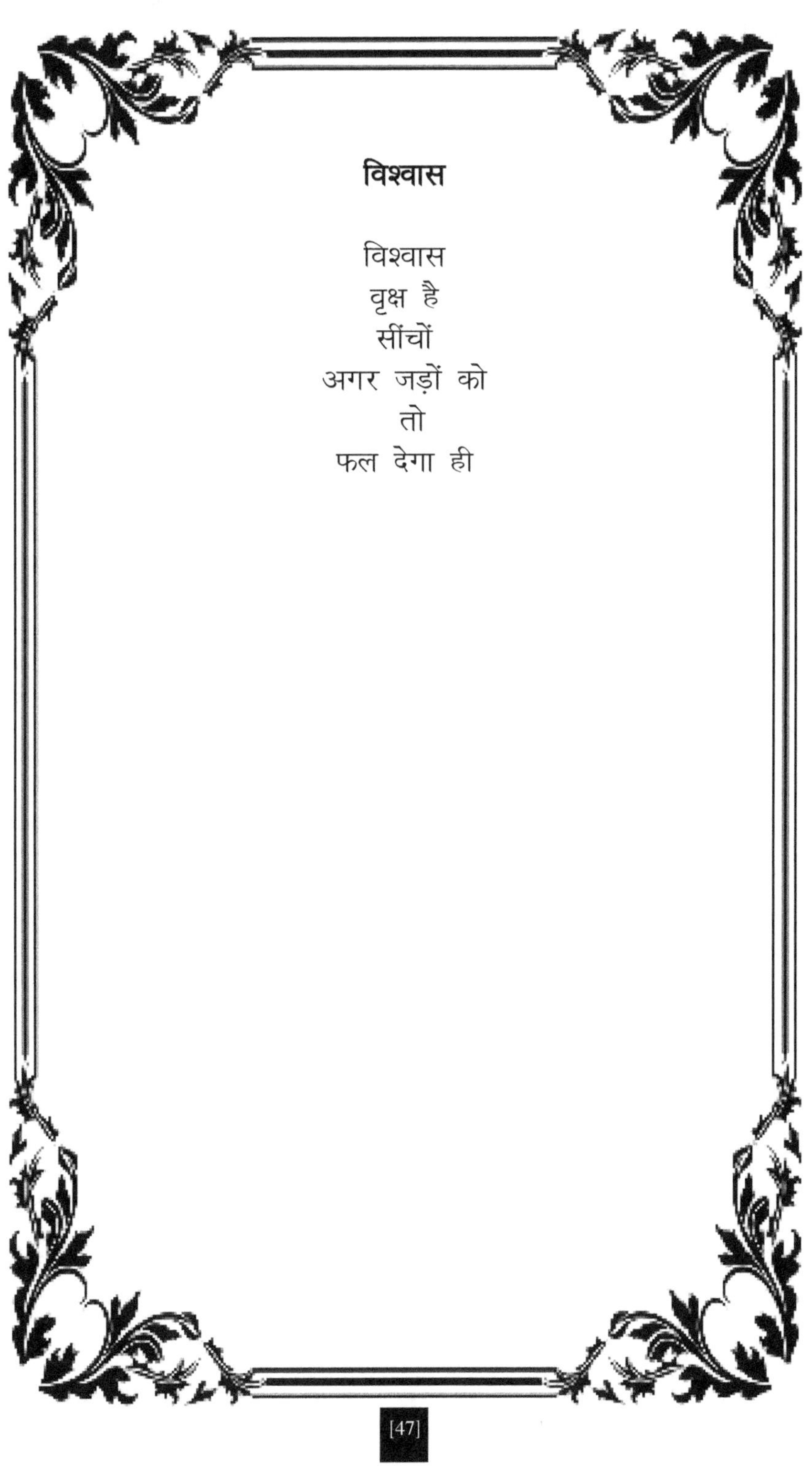

विश्वास

विश्वास
वृक्ष है
सींचों
अगर जड़ों को
तो
फल देगा ही

सबला

हे नारी! तुम हो धैर्य हया और ममता की मूर्ति
यह विशेषताएँ कलुषित समाज को धोएगी
कभी इन दो पंक्तियों से मुक्त हो पाएगी?
अबला जीवन हाय तुम्हारी यही कहानी
आँचल में है दूध, आँखों में है पानी
अबला अबला नहीं, सबला है बनी
अबला जीवन नहीं तुम्हारी यह कहानी
आँखों में लाओ तेज बन जाओ भवानी
नव रूप से नव भारत की कल्पना करनी
नारी भी वायुगति से वायुयान तक पहुँची
समाज की रूढ़ियों को खोखला करती
नारीशक्ति ही नारायणी नारी है कल्याणी
समाज के बिगड़े रूप को बदलने के लिए दो
पंक्तियाँ काफी है फिर भी उसे अपने आपको
चंद्रमा की ज्योत्स्ना सम उज्ज्वल रखना होगा
नारी की शुभ्रता से सारा भारत उज्ज्वल होगा

मेरे पिया

एक अनदेखा
अनजाना सा
मन और चेहरा
कुछ वर्ष पहले
तक
अनजान था
आज वाकई में
जाना-जाना सा
पहचाना सा
आत्मीय भरा
खूबसूरत मन सा
सबकी इच्छाओं को
पूर्ण करता हुआ
जिम्मेदारियों से
भरा दिखाई पड़ता है

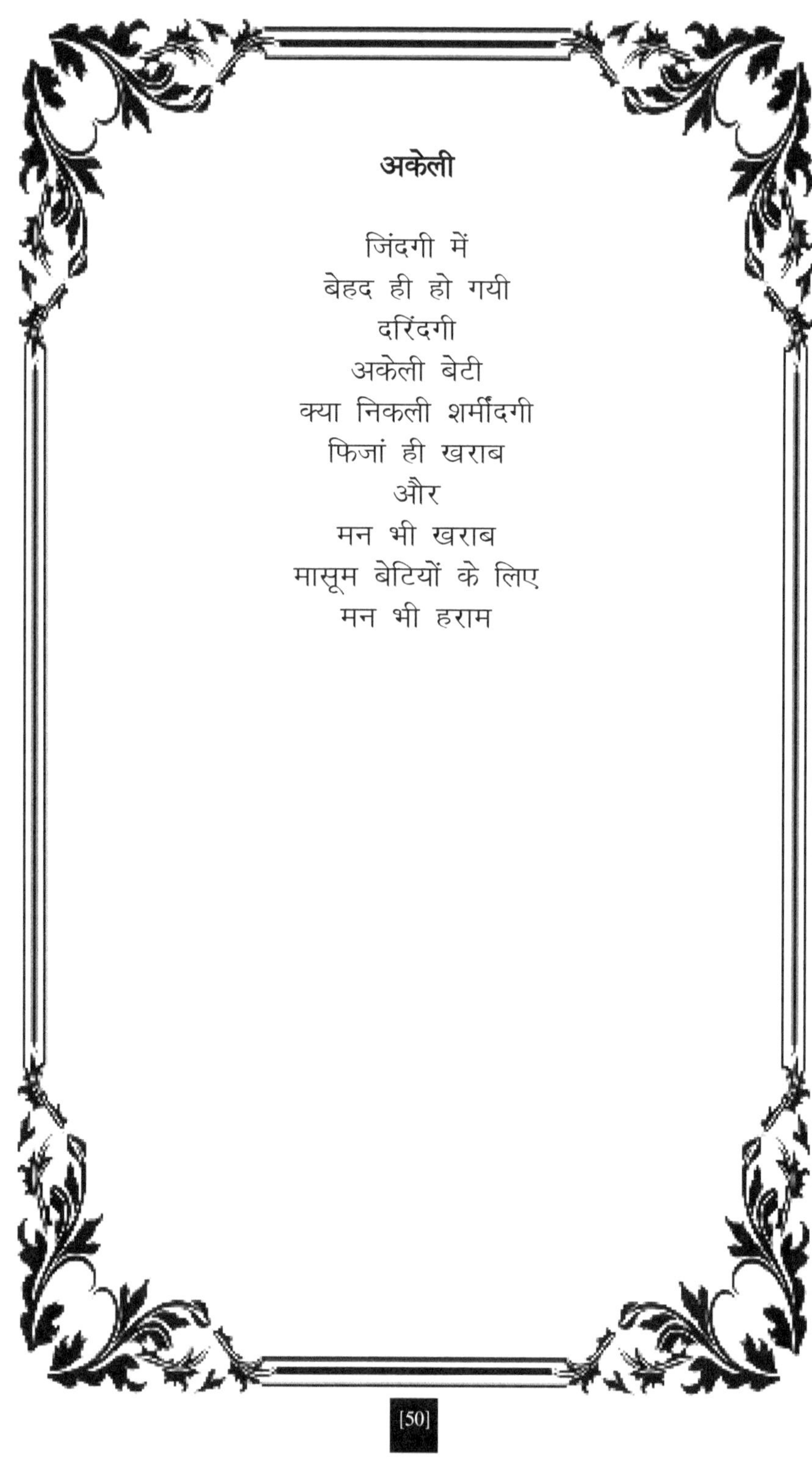

अकेली

जिंदगी में
बेहद ही हो गयी
दरिंदगी
अकेली बेटी
क्या निकली शर्मिंदगी
फिजां ही खराब
और
मन भी खराब
मासूम बेटियों के लिए
मन भी हराम

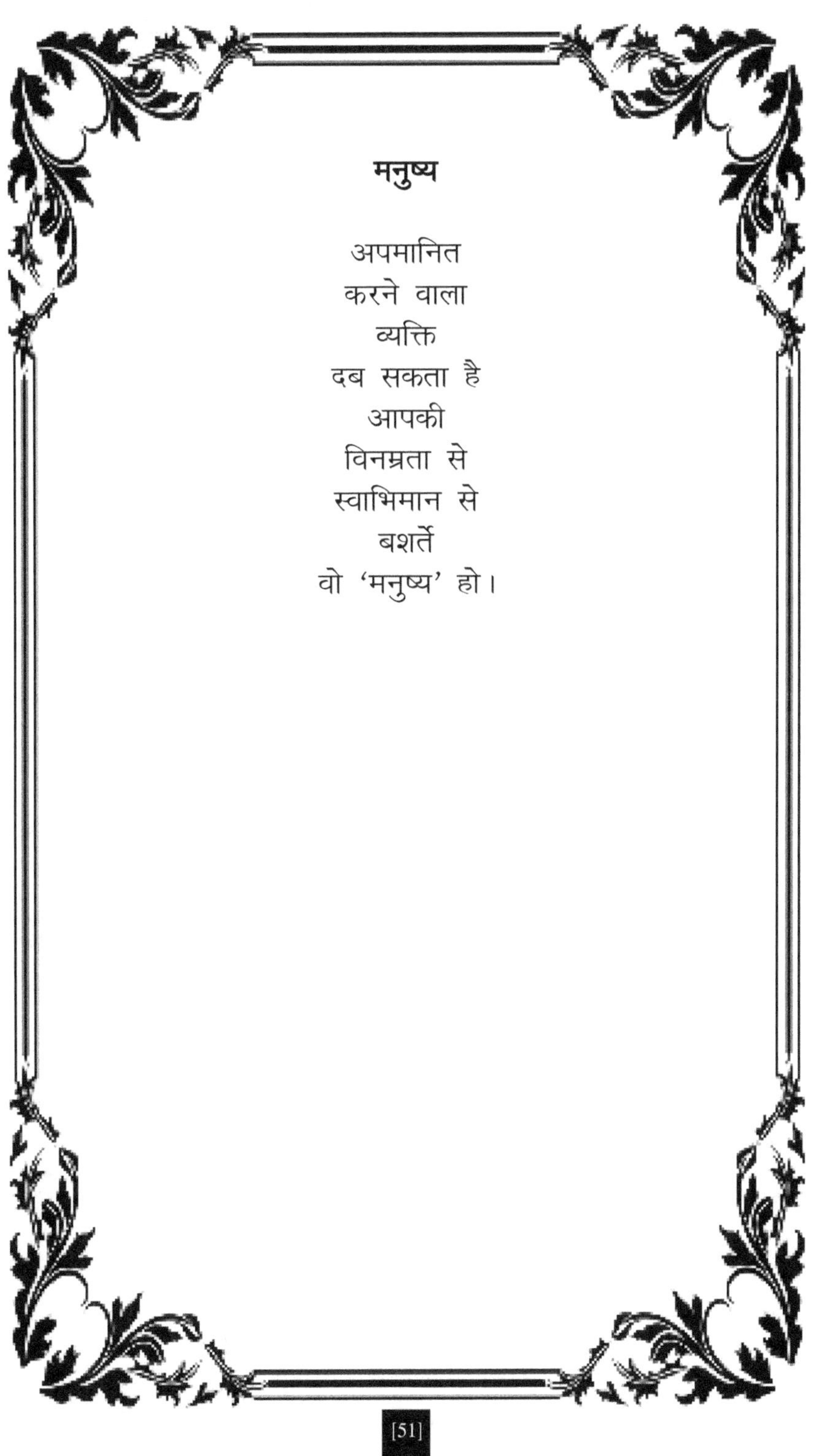

मनुष्य

अपमानित
करने वाला
व्यक्ति
दब सकता है
आपकी
विनम्रता से
स्वाभिमान से
बशर्ते
वो 'मनुष्य' हो।

क्षण

मानव जीता है
जीने के लिए
खींचती है मौत
अपने
आगोश में
देखता है स्वप्न
ताउम्र के लिए
टूटती है निद्रा
क्षण भर में

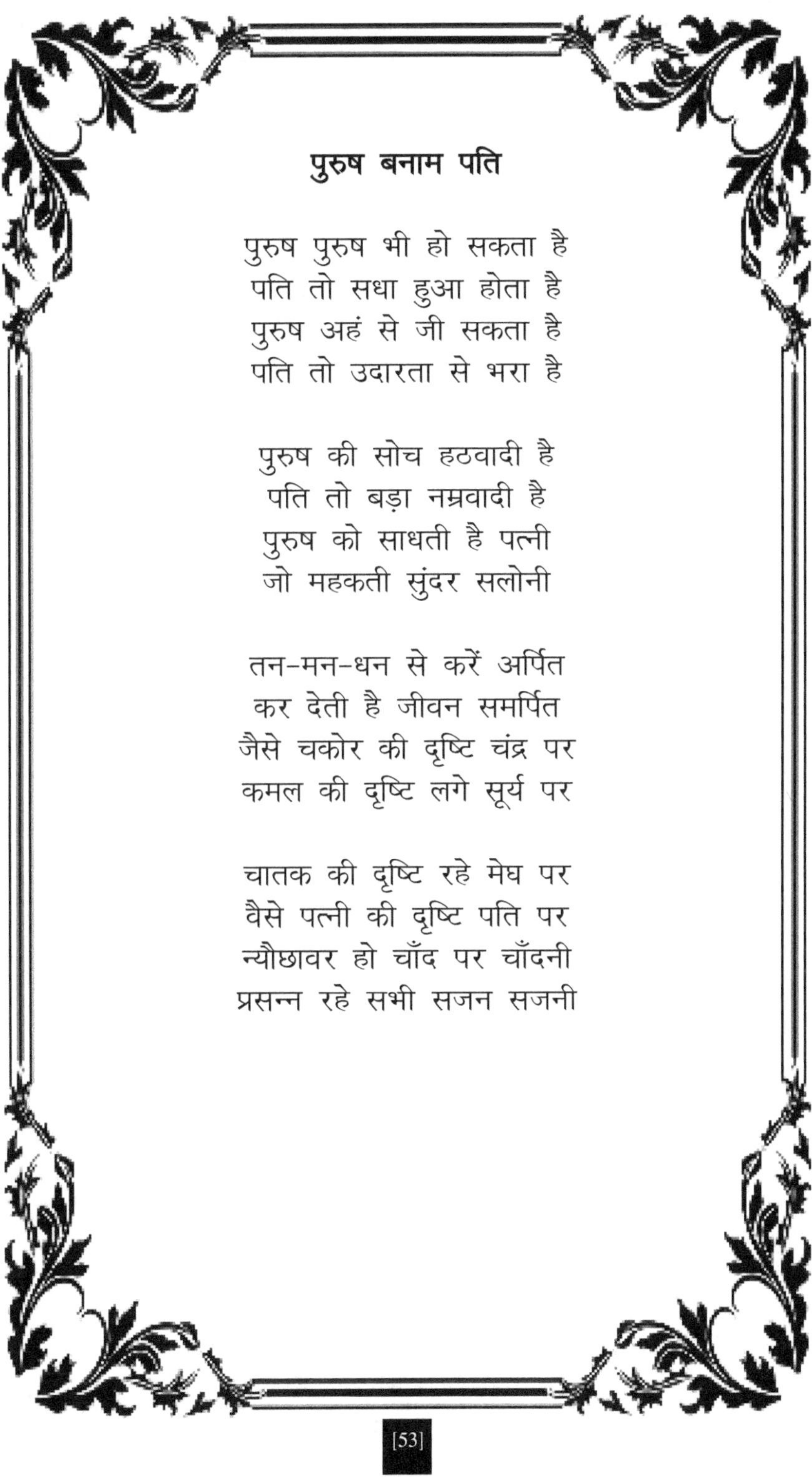

पुरुष बनाम पति

पुरुष पुरुष भी हो सकता है
पति तो सधा हुआ होता है
पुरुष अहं से जी सकता है
पति तो उदारता से भरा है

पुरुष की सोच हठवादी है
पति तो बड़ा नम्रवादी है
पुरुष को साधती है पत्नी
जो महकती सुंदर सलोनी

तन–मन–धन से करें अर्पित
कर देती है जीवन समर्पित
जैसे चकोर की दृष्टि चंद्र पर
कमल की दृष्टि लगे सूर्य पर

चातक की दृष्टि रहे मेघ पर
वैसे पत्नी की दृष्टि पति पर
न्यौछावर हो चाँद पर चाँदनी
प्रसन्न रहे सभी सजन सजनी

व्यथा

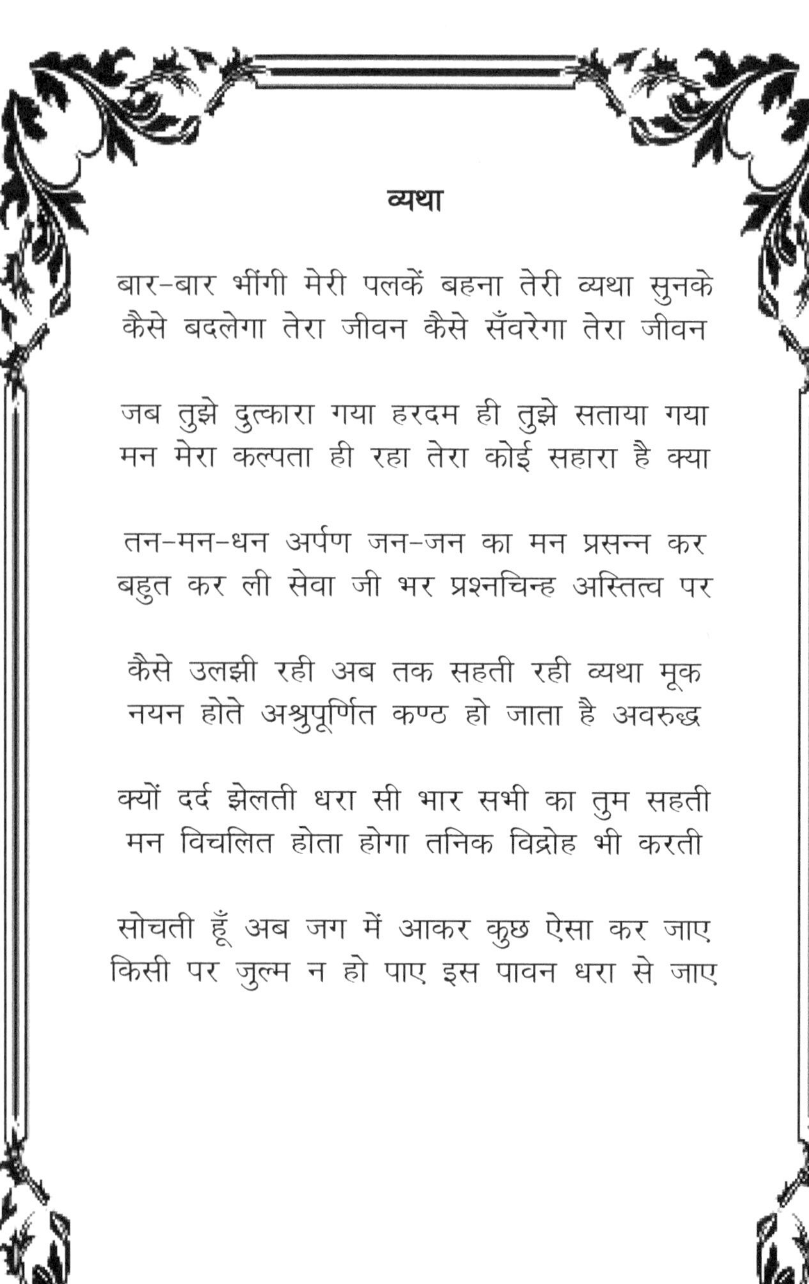

बार-बार भींगी मेरी पलकें बहना तेरी व्यथा सुनके
कैसे बदलेगा तेरा जीवन कैसे सँवरेगा तेरा जीवन

जब तुझे दुत्कारा गया हरदम ही तुझे सताया गया
मन मेरा कल्पता ही रहा तेरा कोई सहारा है क्या

तन-मन-धन अर्पण जन-जन का मन प्रसन्न कर
बहुत कर ली सेवा जी भर प्रश्नचिन्ह अस्तित्व पर

कैसे उलझी रही अब तक सहती रही व्यथा मूक
नयन होते अश्रुपूर्णित कण्ठ हो जाता है अवरुद्ध

क्यों दर्द झेलती धरा सी भार सभी का तुम सहती
मन विचलित होता होगा तनिक विद्रोह भी करती

सोचती हूँ अब जग में आकर कुछ ऐसा कर जाए
किसी पर जुल्म न हो पाए इस पावन धरा से जाए

पेशावर में स्कूल हमले पर

आज एक जख्म हरा हुआ आतंकी तूफान बेदर्द हुआ
ख्वाहिशों का खून हुआ माँ-बाप से बच्चा जुदा हुआ

चहकती रहती थीं बगिया आतंकी तूफान उड़ा ले गया
बालसंहार कबूल न होगा रक्त के कतरे का हिसाब होगा

धर्म को शर्मसार करके हैवानों अपने गिरेहबान में झांको
मजहब के असल को पहचानो धन के लिए बिकने वालों

खुदा ने इंसान को गढ़ा तो उसके हिंसक रूप से हैरानी
हिंसा का रूप बरदाश्त नहीं सबका साथ आना सही

ऐसा नहीं हममें दम नहीं, बन आई तो किसी से कम नहीं
बच्चों के रक्षक पशु-पक्षी भी, हम इंसान हैं साथ सत्य भी

मन

आहत मन जब तड़प गया
सह न पाया दर्द, पीड़ा, व्यथा
जलती थी शमा जो धीमे-धीमे
कर दिया रोशन चलती हवा ने
हवाएँ भी कर गयीं अपना काम
शीतल छाया भी बन गयी आग
उठने लगीं चिंगारियाँ फूटते शोले
धधकती ज्वाला जली चाहरदीवारी
उठने लगा धुआँ लग गया मजमा
लगे हाथ सेंकने जलती हुई आग से
रहनुमा आए धरा पे, मिटे द्वेष मन के
ऐसा कभी होगा साया टूटता रहेगा
आहत मन कुछ दूरी पर खड़ा मंद
मुस्कराया शमा को धीमे जलते पाया

अस्तित्व

नारी का अस्तित्व समाज में प्रश्नचिन्ह
प्रत्येक वर्ग को सहने का अनूठा साहस
कर सकती साहस एवरेस्ट में चढ़ने का
वायुयान को वायुमंडल में उड़ाने का
इसके बावजूद दायरे में ही सिमटी है
चक्रव्यूहों में फँसी नारी पढ़ी-लिखी है
दकियानूसी मनोवृत्तियाँ उसकी बैसाखी
उसके प्रति हमारी सोच अभी भी पुरानी
सामाजिक, सांस्कृतिक, आर्थिक उन्नति
देश करे उसे हाथ में बैसाखियों पकड़ा दे?
माना कदम-दर-कदम मिलाना सीखा है
लेकिन बैसाखियों के सहारे टिकी नारी
परतंत्र है, परतंत्र है वाह! कैसा लोकतंत्र है

सड़क

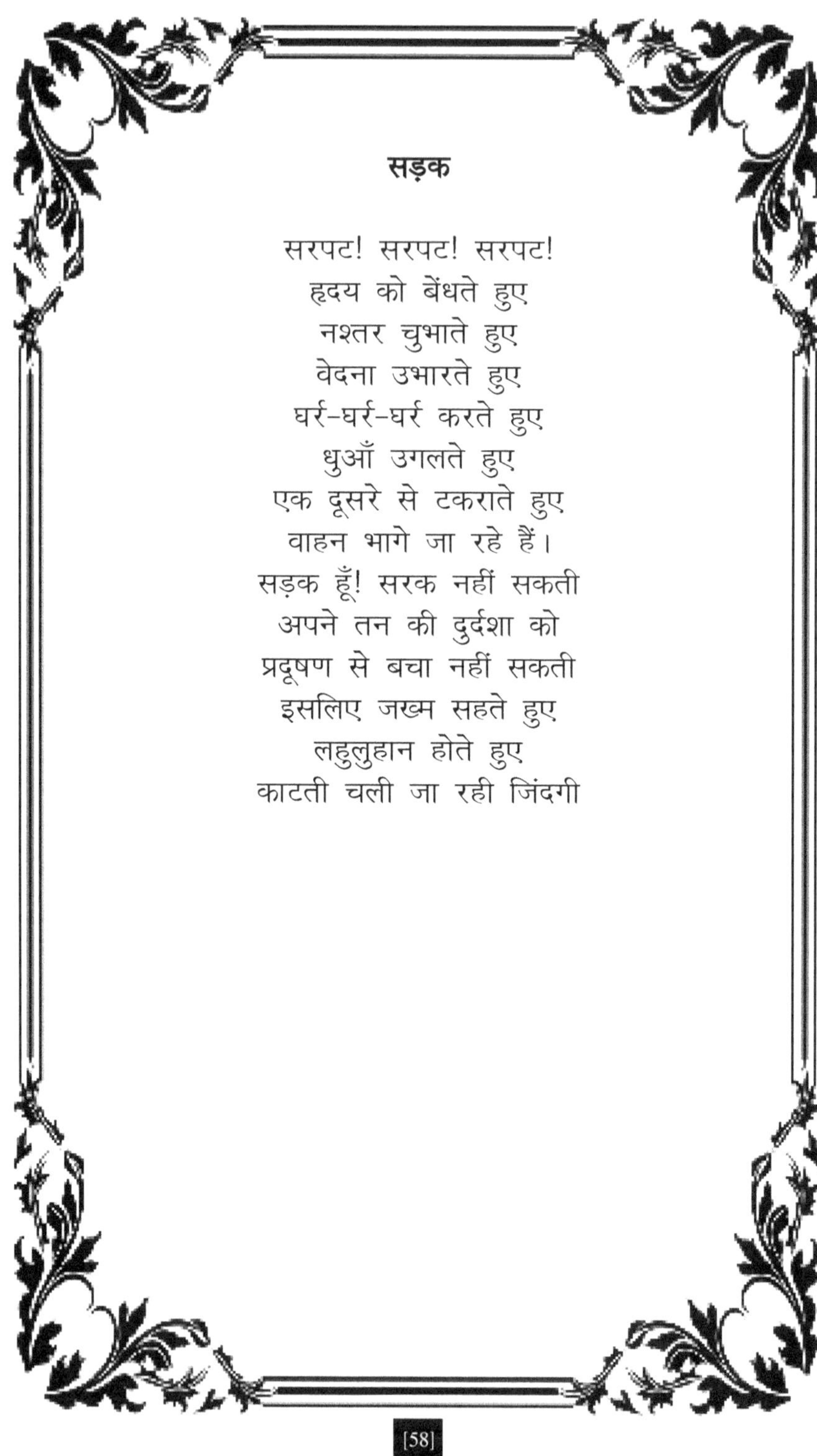

सरपट! सरपट! सरपट!
हृदय को बेंधते हुए
नश्तर चुभाते हुए
वेदना उभारते हुए
घर्र-घर्र-घर्र करते हुए
धुआँ उगलते हुए
एक दूसरे से टकराते हुए
वाहन भागे जा रहे हैं।
सड़क हूँ! सरक नहीं सकती
अपने तन की दुर्दशा को
प्रदूषण से बचा नहीं सकती
इसलिए जख्म सहते हुए
लहुलुहान होते हुए
काटती चली जा रही जिंदगी

मंजिलें

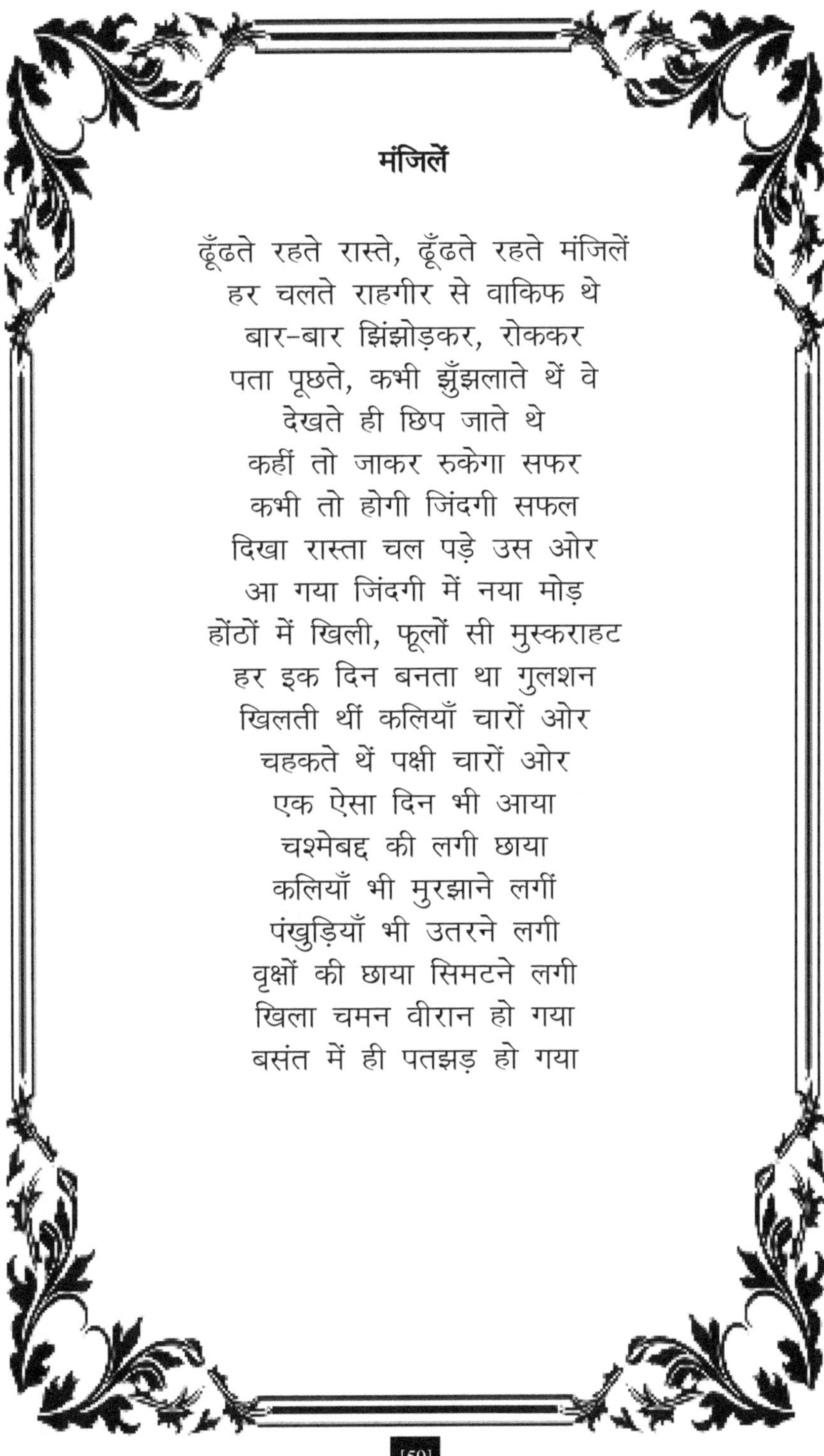

ढूँढते रहते रास्ते, ढूँढते रहते मंजिलें
हर चलते राहगीर से वाकिफ थे
बार-बार झिंझोड़कर, रोककर
पता पूछते, कभी झुँझलाते थें वे
देखते ही छिप जाते थे
कहीं तो जाकर रुकेगा सफर
कभी तो होगी जिंदगी सफल
दिखा रास्ता चल पड़े उस ओर
आ गया जिंदगी में नया मोड़
होंठों में खिली, फूलों सी मुस्कराहट
हर इक दिन बनता था गुलशन
खिलती थीं कलियाँ चारों ओर
चहकते थें पक्षी चारों ओर
एक ऐसा दिन भी आया
चश्मेबद्द की लगी छाया
कलियाँ भी मुरझाने लगीं
पंखुड़ियाँ भी उतरने लगी
वृक्षों की छाया सिमटने लगी
खिला चमन वीरान हो गया
बसंत में ही पतझड़ हो गया

बेटी

मैं बेटी भारत की
मैं कोई खिलौना नहीं
जिसको तोड़-मरोड़कर,
कुचलकर फेंक दिया जाए।
चाहिए मुझे सुरक्षा!
सिस्टम के खिलाफ खड़े होकर
आवाज बुलंद करके
माँगनी होगी सुरक्षा!
सरकार बनाती है, योजनाएँ
'भ्रूण-हत्या न हो, बाल-विवाह, दहेज न हो'
'पढ़ें लड़कियाँ, बढ़े लड़कियाँ।'
'पढ़ी-लिखी लड़की, रोशनी घर की।'
'बेटी है तो कल है'
खर्च करती है करोड़ों इन योजनाओं में
इसके अतिरिक्त उस बेटी के लिए
चाहिए हमें सुरक्षा!
खर्च करें, इस योजना में
विश्वास दें, हिम्मत दें
जरूरतें पूर्ण करें उसकी।
क्योंकि मैं बेटी भारत की
चाहिए मुझे सुरक्षा!
अपने तन की
संग मन की।

दीपावली

दीपावली की
जगमगाहट से
मिट जाए
अंधेरा जो फैला है
मन-मस्तिष्क में
डर, व्याधि-
आधि
कोरोना-काल रूप में

पसंद

जीवन का आधार
ही प्रेम है
इसी पर
टिका है मानव जीवन
प्रेम ही
हर रिश्ते की
डोर है
यही
इस जीवन का
निचोड़ है

प्रेम

कोई किसी के कहने पर नही बदलता
तो अपने आपको ही बदल डालो
अपने को बदलना ज्यादा आसान है
असल बुद्धिमता की पहचान है
कोई लाख प्रयास से भी नहीं सुधरता
तो अपने आपको ही सुधार डालो
जिसको जो पसंद है वही करेगा
क्या चकोर अंगारे खाने से रुकेगा

घड़ा

कुंभकार ने
चढ़ा दिया चाक पर
कच्ची मिट्टी को
थाप-थाप कर
काढ़े रंगीन बूटे
हरे-लाल-नीले
सुंदर लगते घड़े
आकर्षित करते
तभी कुछ दूरी से
चली गुलेल ने
घड़े को
टुकड़े-टुकड़े कर दिया

परिवर्तन

हे परिवर्तन!
यहाँ कैसा तेरा तांडव नृतन
हम सब हैं नत-मस्तक
रह रहे हैं घर पर
यहाँ प्रकृति तेरी कैसी लीला
मनुष्य की भूलों का दे रहीं हो सबक
हे परिवर्तन!
यहाँ वायु भी कुपित हुई
कितनी भूलें हुई अब समझ में आई
यहाँ नदियों का भी जल निरंतर
प्रदूषित हुआ जन न समझा
हे परिवर्तन!
यहाँ पहाड़ों को भी मोड़ा
स्वार्थ-सिद्धि इनको तोड़ा
तुमने कुछ भी न छोड़ा
यहाँ सड़कों की छाती भी
घायल करके ही रख दी
हमनें यहाँ किसकी मानी
हे परिवर्तन!
हिंदू-मुस्लिम-सिख-ईसाई
परम-तत्व से उपजे भाई
अब तो यह समझो भाई
यहाँ अब भी कुछ सीख लें
प्रकृति से न छेड़छाड़ करें
प्रकृति हमें क्वारंटाइन न करें

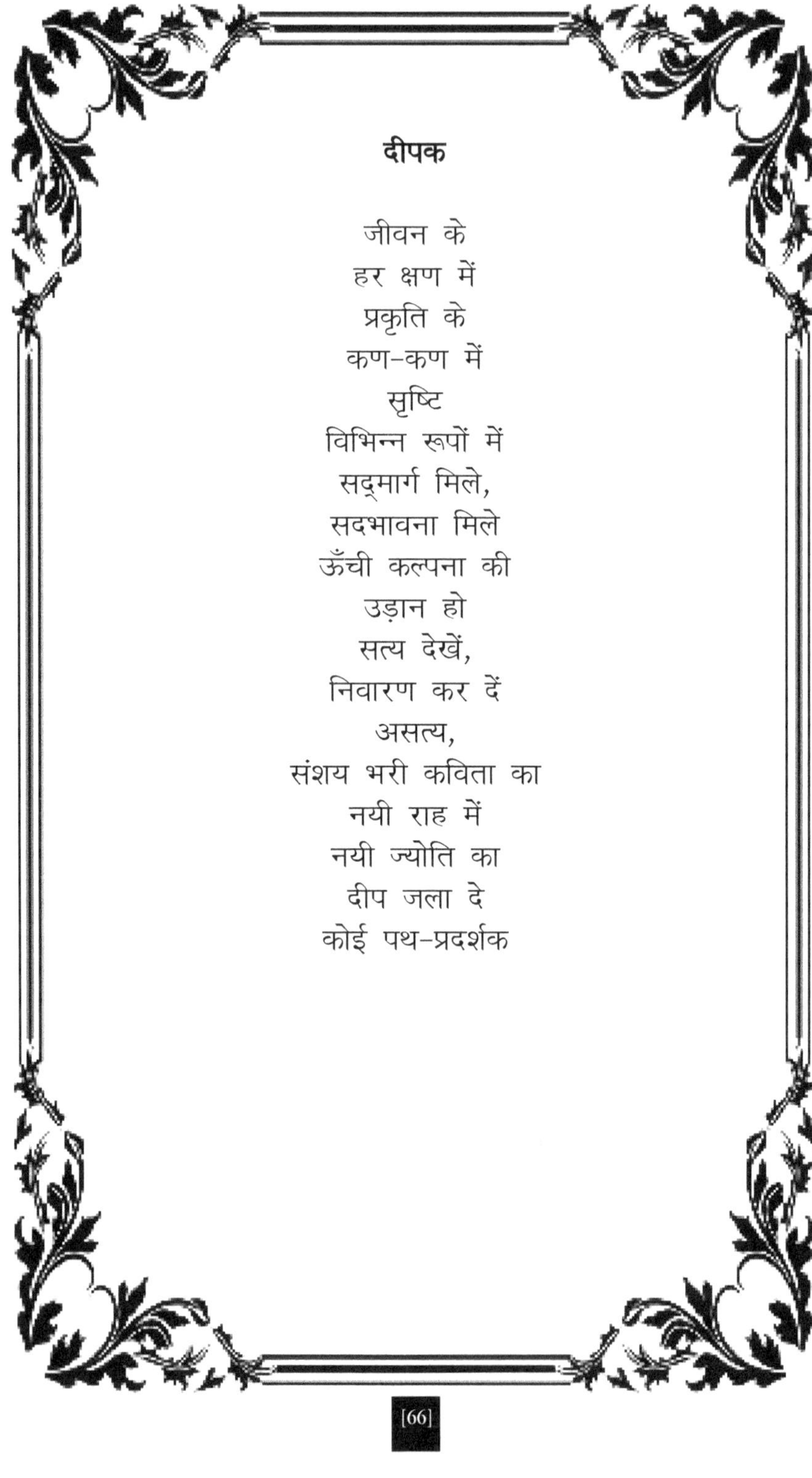

दीपक

जीवन के
हर क्षण में
प्रकृति के
कण-कण में
सृष्टि
विभिन्न रूपों में
सद्मार्ग मिले,
सदभावना मिले
ऊँची कल्पना की
उड़ान हो
सत्य देखें,
निवारण कर दें
असत्य,
संशय भरी कविता का
नयी राह में
नयी ज्योति का
दीप जला दे
कोई पथ-प्रदर्शक

मेरा अस्तित्व

बरसों बीत गए, मुझे जमाने से कुचला गया
मैं पुरुष प्रधान समाज में सदा कुचली गयी
मुझमें भी साँस है मेरी भी आस है विश्वास है
मैं भी बोलना जानती हूँ, मेरी धड़कन चलती

मेरी प्रशंसा में कहा 'यत्र नार्यस्तु पूज्यन्ते'
जहाँ नारियों का सम्मान रमन्ते तत्र देवता
मैं प्रसन्न हुई, अब मेरा अस्तित्व तो बचेगा
मेरे वजूद को गरिमा मंडित करने लगेगा

'नारी तुम केवल श्रद्धा हो, विश्वास रजत नभ तल में
पीयूष स्त्रोत सी बहा करो, जीवन के सुंदर समतल में'
मै गौरान्वित हुई आदर के शब्द बोले मैं समझने लगी
समाज की सोच बदली मैं पढ़ने लगी और पढ़ती रही

मैं ऊँचाइयों को छूती हर उस मुकाम पर पहुँच गई
जहाँ मैं पहुँचना चाहती थी मैं स्वतंत्र विचरने लगी
मुझे गर्व हुआ लेकिन आज मेरे भरोसे को फिर से
तोड़ा गया जिस पर विश्वास किया उसने कुचला

इक्कीसवीं सदी की नारी

नर हो, न निराश करो जग को
नारी पर विश्वास करो अब तो
स्नेह, प्रेम और निष्ठा से भरी हुई
स्वाभिमानी की चादर ओढ़ी हुई

नारी भी स्वतंत्रता की सीढ़ी चढ़ी
नए रूपों से माता-पिता ने पाली
अब नए रूप को स्वीकार करो
शिक्षित नही है तो शिक्षित करो

सबल समाज का निर्माण करो
उपेक्षितों पंक्ति में न खड़ा करो
इक्कीसवीं सदी की बालिकाओं
तुम अपनी कर्मठता आगे बढ़ाओं

ऊँची उड़ान से पहचान बनाओ
आधी आबादी की शान बढ़ाओ
मदर टेरेसा, कल्पना, गुंजन सक्सेना
गीता, मीताली, सानिया और साइना

मन सशक्त हो, तन भी सशक्त हो
नारी का हर पल निशंक, निडर हो
चाहरदीवारी बाहर भी सुरक्षित हो
नर जैसे नारी भी आत्म-निर्भर हो

ये नारीशक्ति अब देश का सम्मान
अब न हो कहीं इसका अपमान
करके संघर्ष अब हो रही सशक्त
सभी का शक्ति को कोटि नमन

संघर्ष

अभिव्यक्ति छोड़ देती है
मधुर तान जाग्रत कर देती
अपनी सुषुप्त चेतना को
सागर की लहरियों सा
आकाश की ऊँचाइयों को
छूने के लिए लालायित
जैसे अटल हिमालय
ज्ञान का भंडार लिए
प्रेम का अंबार लिए
हृदय में उफान लिए
मंद मंद मुस्कान लिए
ऊँचाई स्वयं माप लिए
संदेश कोई दे रहा
पथभ्रमित मानव को
अपने पथ पर डटे रहो
चाहे कितने कष्ट रहे
नित्य संघर्ष करते रहो
जिंदगी से जूझते रहो
मेरी तरह! मेरी तरह!

परिवार

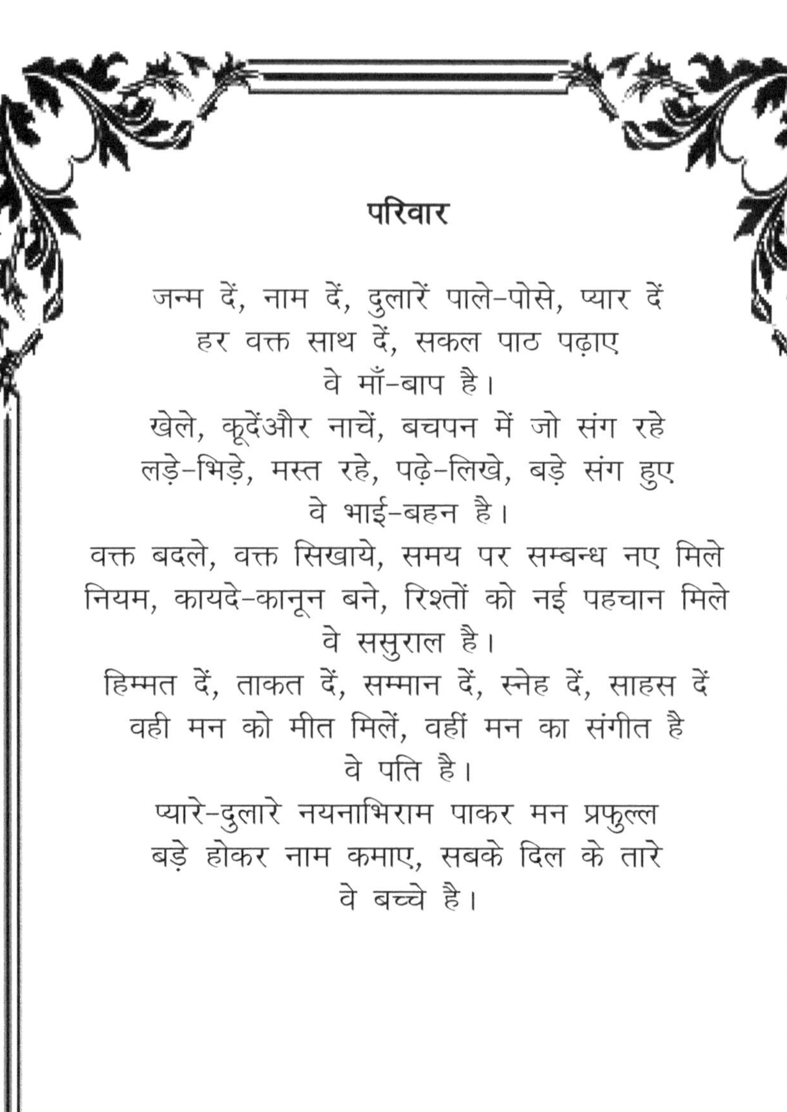

जन्म दें, नाम दें, दुलारें पाले-पोसे, प्यार दें
हर वक्त साथ दें, सकल पाठ पढ़ाए
वे माँ-बाप है।
खेले, कूदेंऔर नाचें, बचपन में जो संग रहे
लड़े-भिड़े, मस्त रहे, पढ़े-लिखे, बड़े संग हुए
वे भाई-बहन है।
वक्त बदले, वक्त सिखाये, समय पर सम्बन्ध नए मिले
नियम, कायदे-कानून बने, रिश्तों को नई पहचान मिले
वे ससुराल है।
हिम्मत दें, ताकत दें, सम्मान दें, स्नेह दें, साहस दें
वही मन को मीत मिलें, वहीं मन का संगीत है
वे पति है।
प्यारे-दुलारे नयनाभिराम पाकर मन प्रफुल्ल
बड़े होकर नाम कमाए, सबके दिल के तारे
वे बच्चे है।

मुसाफिर

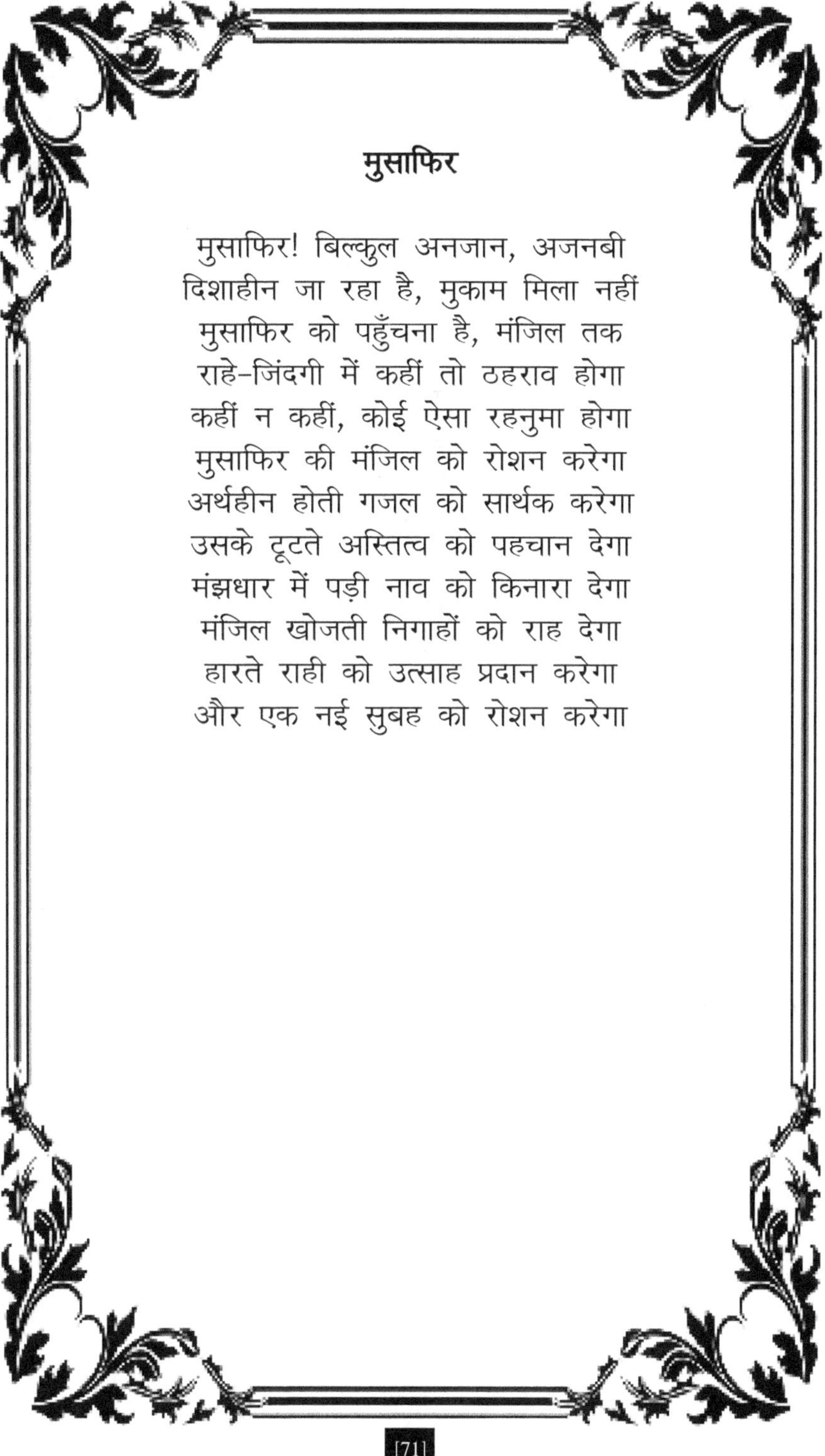

मुसाफिर! बिल्कुल अनजान, अजनबी
दिशाहीन जा रहा है, मुकाम मिला नहीं
मुसाफिर को पहुँचना है, मंजिल तक
राहे-जिंदगी में कहीं तो ठहराव होगा
कहीं न कहीं, कोई ऐसा रहनुमा होगा
मुसाफिर की मंजिल को रोशन करेगा
अर्थहीन होती गजल को सार्थक करेगा
उसके टूटते अस्तित्व को पहचान देगा
मंझधार में पड़ी नाव को किनारा देगा
मंजिल खोजती निगाहों को राह देगा
हारते राही को उत्साह प्रदान करेगा
और एक नई सुबह को रोशन करेगा

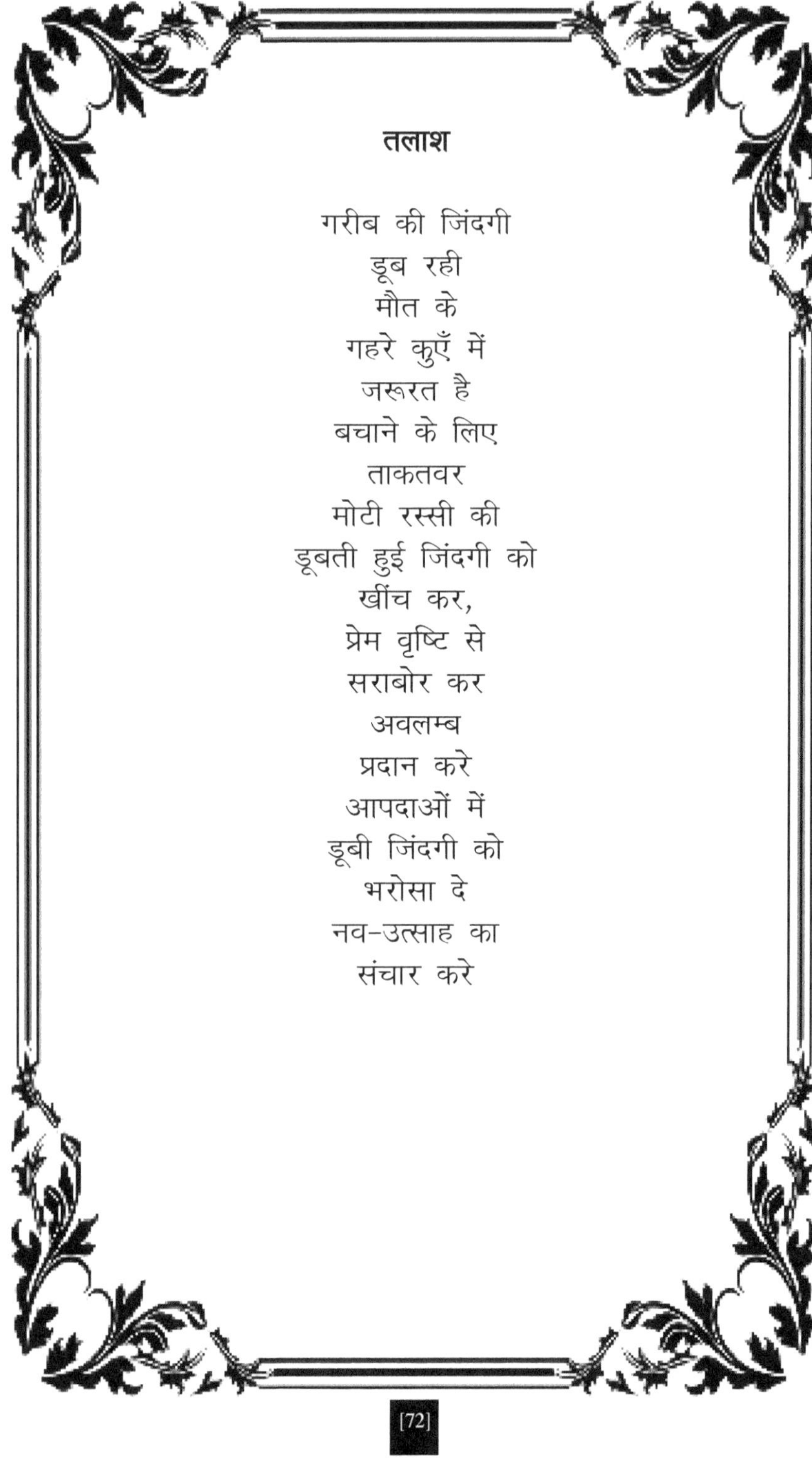

तलाश

गरीब की जिंदगी
डूब रही
मौत के
गहरे कुएँ में
जरूरत है
बचाने के लिए
ताकतवर
मोटी रस्सी की
डूबती हुई जिंदगी को
खींच कर,
प्रेम वृष्टि से
सराबोर कर
अवलम्ब
प्रदान करे
आपदाओं में
डूबी जिंदगी को
भरोसा दे
नव-उत्साह का
संचार करे

आशा

ऊषा की सुनहली आभा
सूर्योदय की किरणों सम
आलोकित हो व्यथित मन
वह आभा-किरण हृदय में
हर्ष के कमल प्रस्फुटित करें
आशाओं आकांक्षाओं की रंगीन
पंखुड़ियों को भी विकसित करें
किन्तु संभल मन, कहीं इसमें
छायी लालिमा को कोई स्याह
अंधड़ पंखुड़ियों को न बिखेरे
अभी-अभी तो भोर हुई है
मेरे इस अंधतम जीवन में
यह संदेश है मेरा ईश्वर से
नमन करें सब नव वर्ष में
कारोना दूर हो जन-जन से
खुलकर जिओ, खुली साँस लो
कारोना का न कोई त्रास हो
हम सब फिर एक साथ हो
नवागत वर्ष का स्वागत हो
सबके लिए जीवनदायिनी हो

तृष्णा

तृष्णा का अंत कभी हो न पाया
हर एक मनुष्य उसमें है उलझा
अपने-अपने स्वार्थ में लगा हुआ
अपने को ही उन्नत करता हुआ
जीवन के इस दुर्गम पथ पर
चलते रहो सोच-समझ कर
ऐसे विचित्र लोग है यहाँ पर
ठोकर देते है जानबूझ कर
हृदय कभी विदीर्ण न हुआ
मरहम लगाते जीर्ण-शीर्ण हुआ
ऐसा कोई तेज हवा का झौंका
मिट्टी के कणों को डाल देता
लोग जख्म पर जख्म देते है
फिर भी हँसने को कहते है
नहीं देखते सूखे गालों पर
जिस पर निरन्तर मोती झरें
आखिर दिल एक आईना है
टूट कर फिर नहीं जुड़ता है

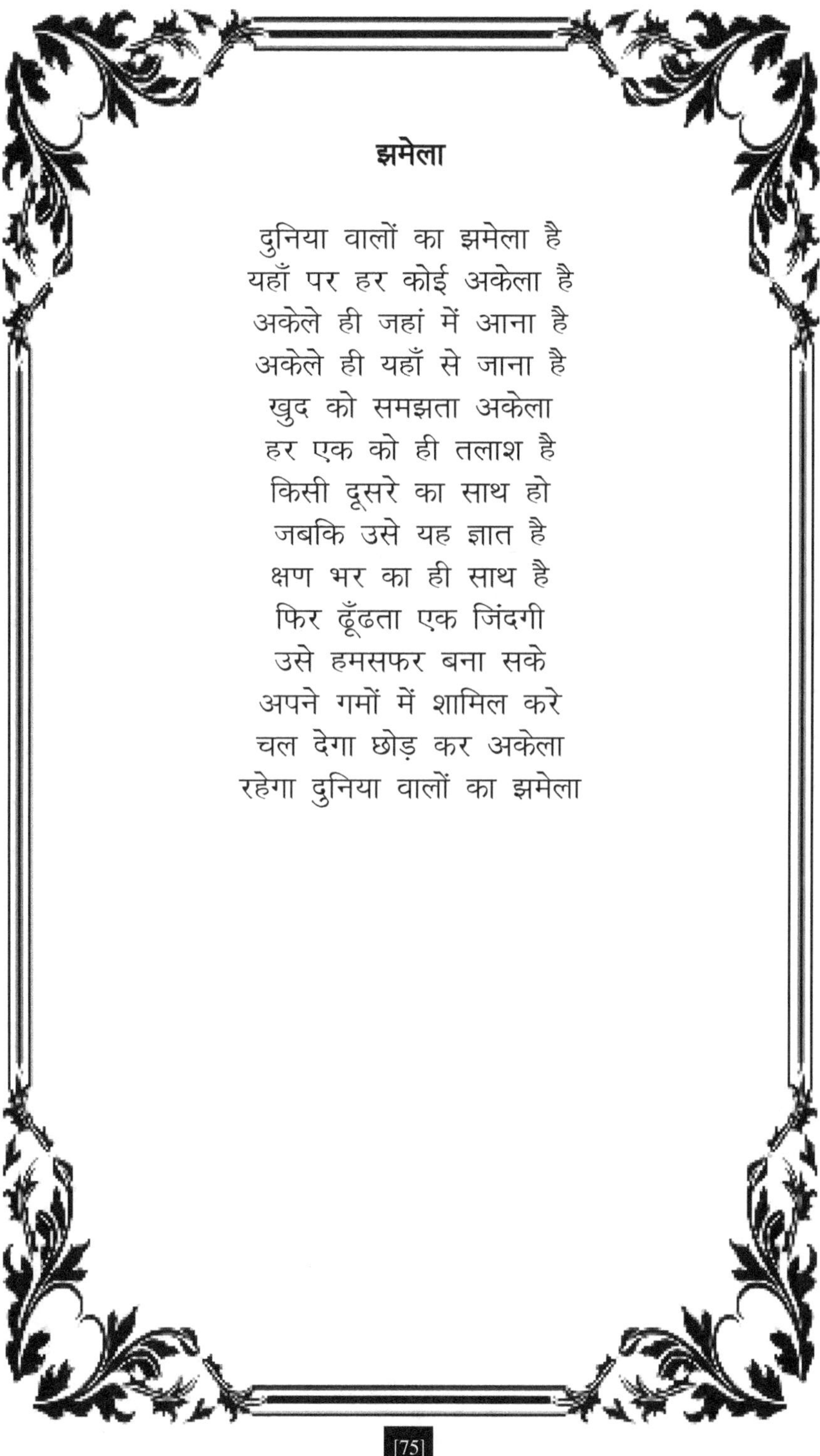

झमेला

दुनिया वालों का झमेला है
यहाँ पर हर कोई अकेला है
अकेले ही जहां में आना है
अकेले ही यहाँ से जाना है
खुद को समझता अकेला
हर एक को ही तलाश है
किसी दूसरे का साथ हो
जबकि उसे यह ज्ञात है
क्षण भर का ही साथ है
फिर ढूँढता एक जिंदगी
उसे हमसफर बना सके
अपने गमों में शामिल करे
चल देगा छोड़ कर अकेला
रहेगा दुनिया वालों का झमेला

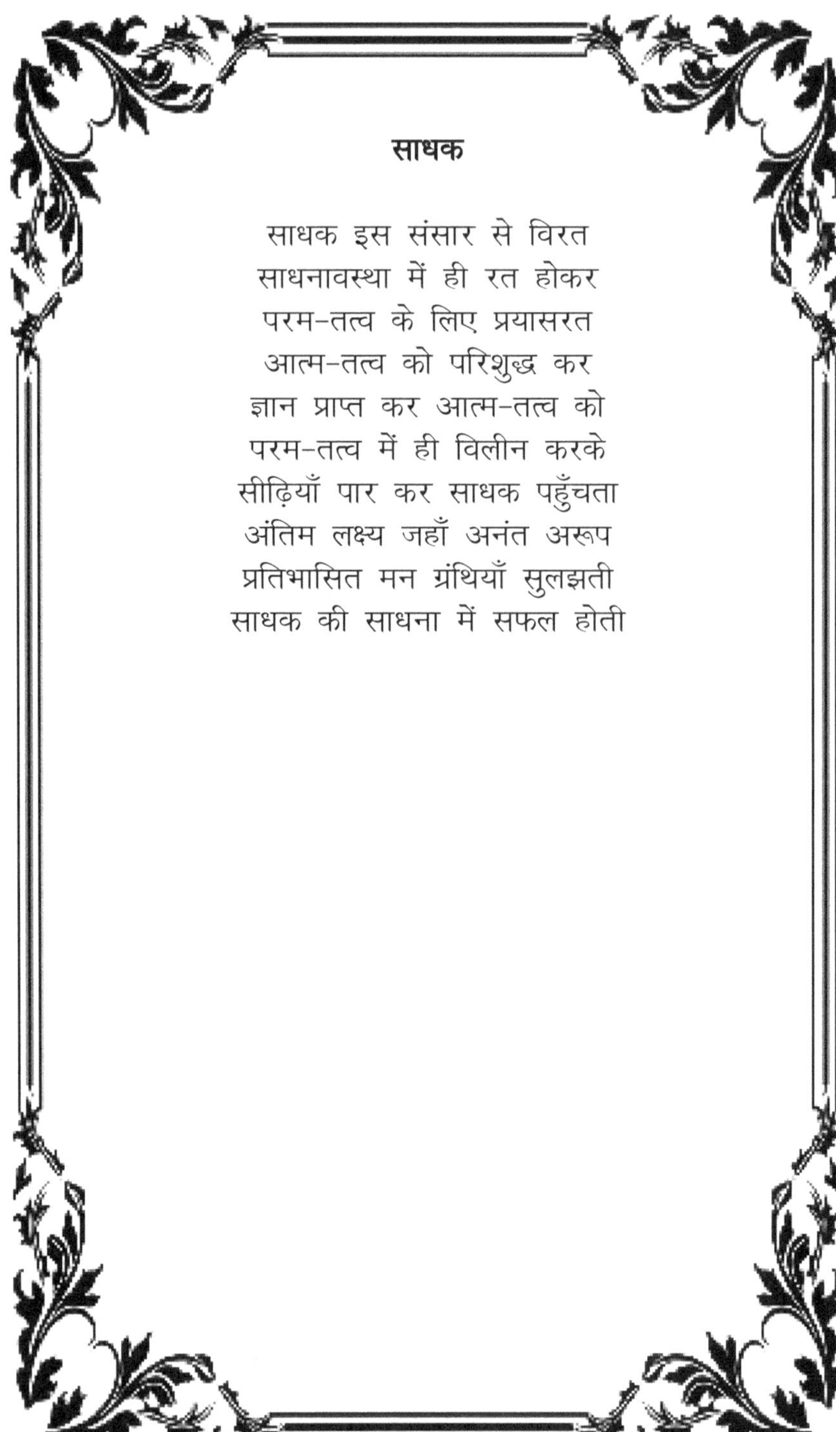

साधक

साधक इस संसार से विरत
साधनावस्था में ही रत होकर
परम-तत्व के लिए प्रयासरत
आत्म-तत्व को परिशुद्ध कर
ज्ञान प्राप्त कर आत्म-तत्व को
परम-तत्व में ही विलीन करके
सीढ़ियाँ पार कर साधक पहुँचता
अंतिम लक्ष्य जहाँ अनंत अरूप
प्रतिभासित मन ग्रंथियाँ सुलझती
साधक की साधना में सफल होती

दामिनी

दामिनी तुम्हारी
शहादत व्यर्थ
नहीं जाएगी
तुम्हारे शरीर की
चोटों से व्यथित हैं
हर भारतीय
लड़ेंगे तुम्हारे लिए

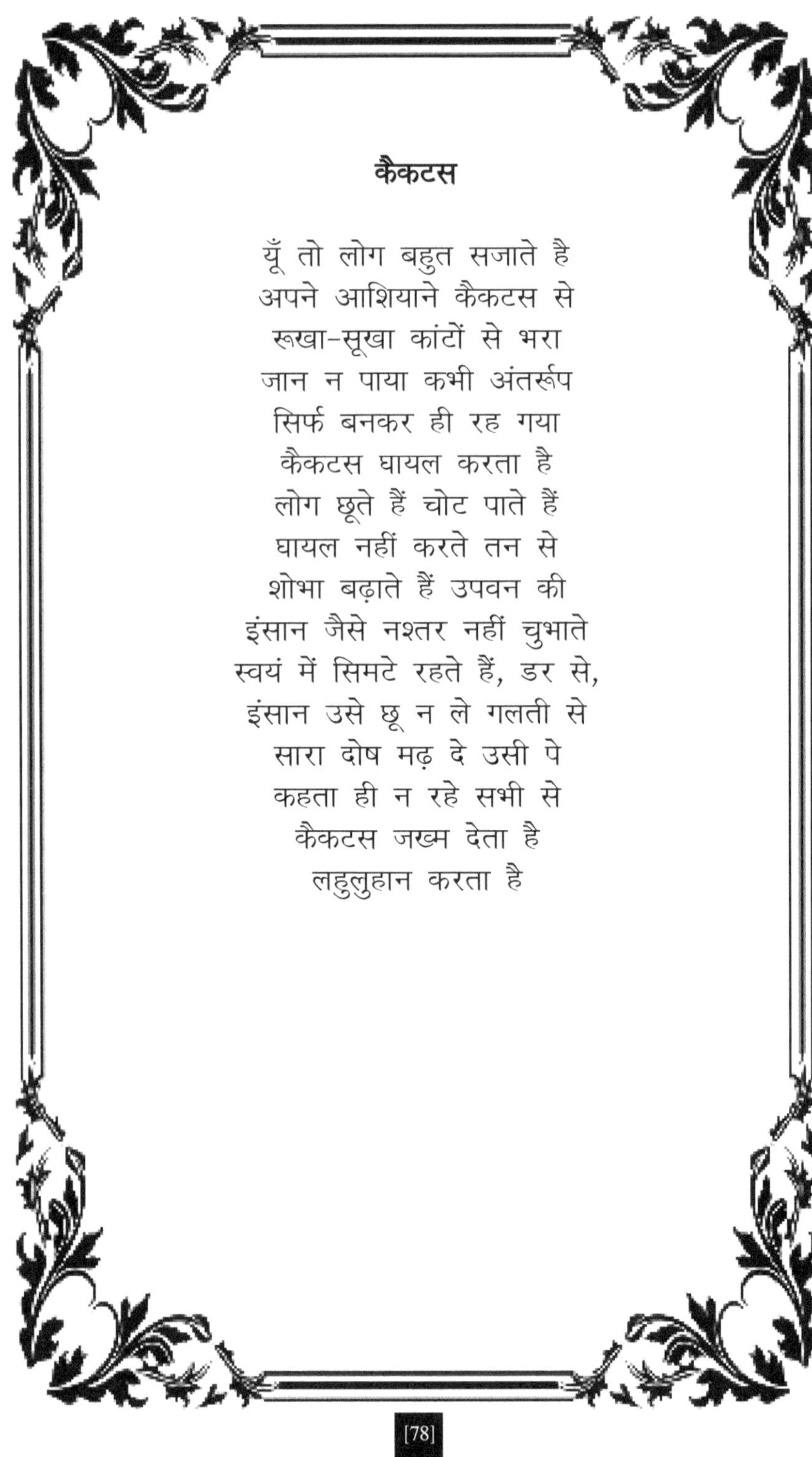

कैकटस

यूँ तो लोग बहुत सजाते है
अपने आशियाने कैकटस से
रूखा-सूखा कांटों से भरा
जान न पाया कभी अंतर्रूप
सिर्फ बनकर ही रह गया
कैकटस घायल करता है
लोग छूते हैं चोट पाते हैं
घायल नहीं करते तन से
शोभा बढ़ाते हैं उपवन की
इंसान जैसे नश्तर नहीं चुभाते
स्वयं में सिमटे रहते हैं, डर से,
इंसान उसे छू न ले गलती से
सारा दोष मढ़ दे उसी पे
कहता ही न रहे सभी से
कैकटस जख्म देता है
लहुलुहान करता है

सेतु

सेतु
कराता संधि
तटों की
जीवन ढाला
इस तरह
कराई
संधियाँ
मन की।

माँ

बस जा रही
गंतव्य अपने
बस खचाखच भरी
मैं चुपचाप खड़ी
परिचालक जगह-जगह
बस रोक रहा,
यात्रियों के सब्र का
बाँध टूट रहा।
एकाएक बस रुकी
कृष्ण वर्णा स्त्री
सुंदर सलोनी सी
माथे पर बिंदी,
आँखों पर कजरा,
लाल रंग की साड़ी पहने,
माथे तक पल्ला
हड़बड़ाहट में चढ़ी
गोद में बच्चा अकुला रहा
माँ का आँचल ढूंढ रहा
माँ शरमायी, लजायी
भीड़ की तरफ दृष्टि घुमायी
बेटे को पुचकारा, सहलाया,
वह फिर भी न माना।
माँ ने ओट करके
छाती से चिपटाया
मातृत्व सुख पाया।

जिंदगी

गमों का सैलाब ही जीवन की निशानी
फिर क्यों घुट-घुटकर जिंदगी बितानी

तुम कुछ अपनी कहो, हम अपनी कहे
खिन्नता से भरा मन कुछ हल्का लगे

शब्दों के खेल में मर्यादाएँ भी संग खेलें
न तुम्हें चोट लगे, न मेरे कोई घाव रिसें

एक दूसरे को समझना भी बहुत जरुरी
वरन बहस में भी रह जाती बातें अधूरी

आइए हम हाथ उठाकर कसम यें खाते
दिन भी सुखद रहे, गुजरेंगी दुखभरी रातें

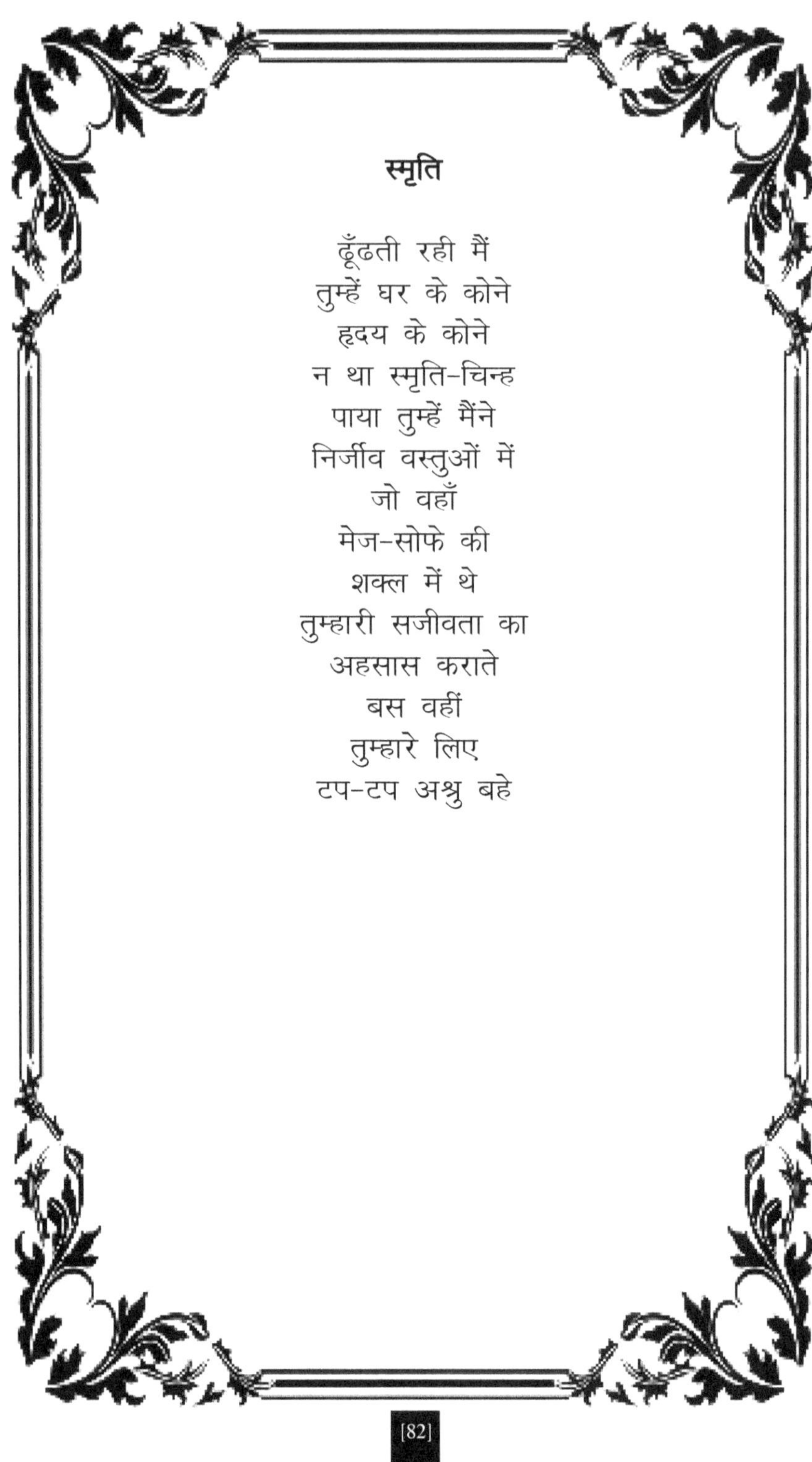

स्मृति

ढूँढती रही मैं
तुम्हें घर के कोने
हृदय के कोने
न था स्मृति-चिन्ह
पाया तुम्हें मैंने
निर्जीव वस्तुओं में
जो वहाँ
मेज-सोफे की
शक्ल में थे
तुम्हारी सजीवता का
अहसास कराते
बस वहीं
तुम्हारे लिए
टप-टप अश्रु बहे

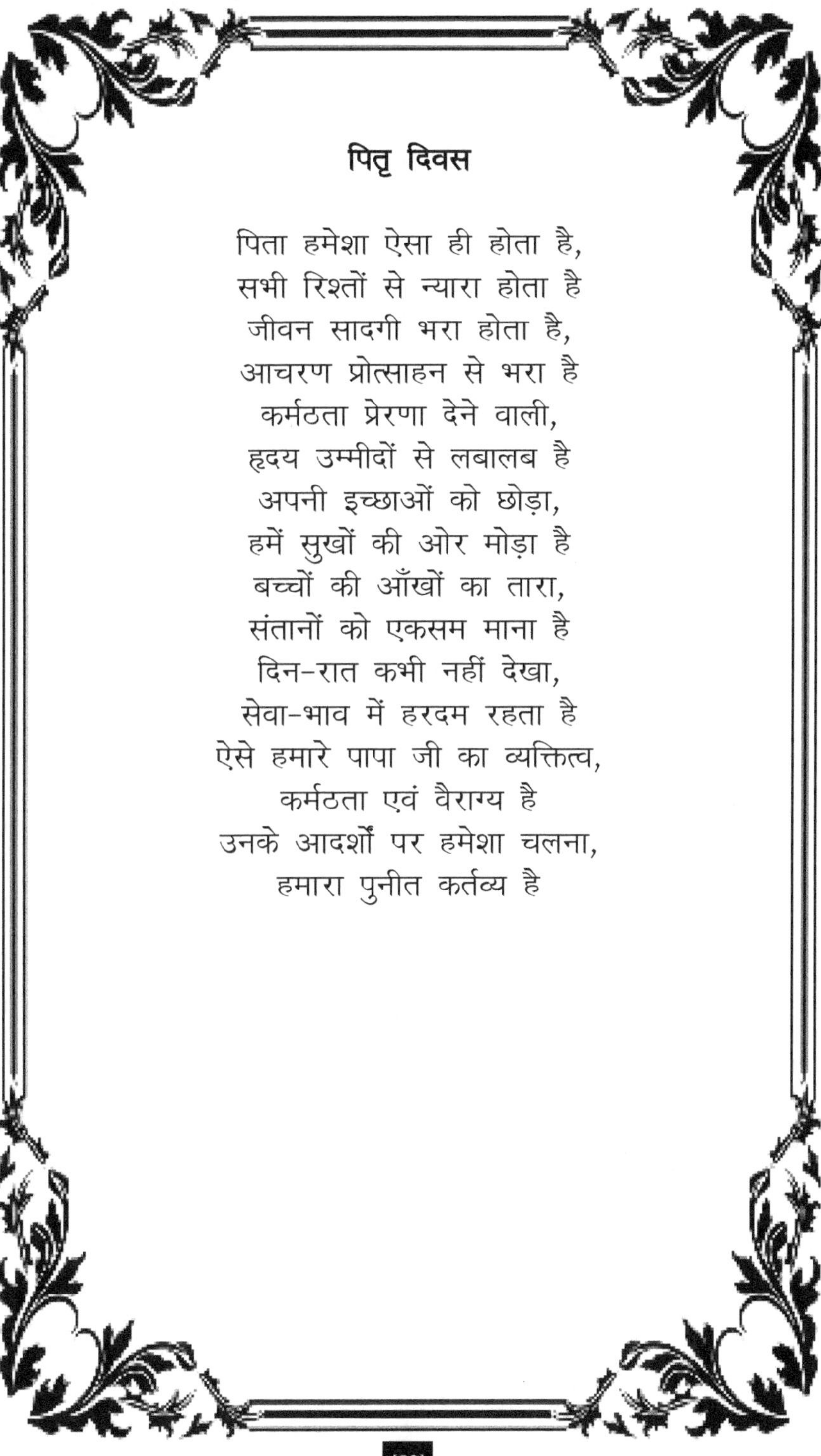

पितृ दिवस

पिता हमेशा ऐसा ही होता है,
सभी रिश्तों से न्यारा होता है
जीवन सादगी भरा होता है,
आचरण प्रोत्साहन से भरा है
कर्मठता प्रेरणा देने वाली,
हृदय उम्मीदों से लबालब है
अपनी इच्छाओं को छोड़ा,
हमें सुखों की ओर मोड़ा है
बच्चों की आँखों का तारा,
संतानों को एकसम माना है
दिन-रात कभी नहीं देखा,
सेवा-भाव में हरदम रहता है
ऐसे हमारे पापा जी का व्यक्तित्व,
कर्मठता एवं वैराग्य है
उनके आदर्शों पर हमेशा चलना,
हमारा पुनीत कर्तव्य है

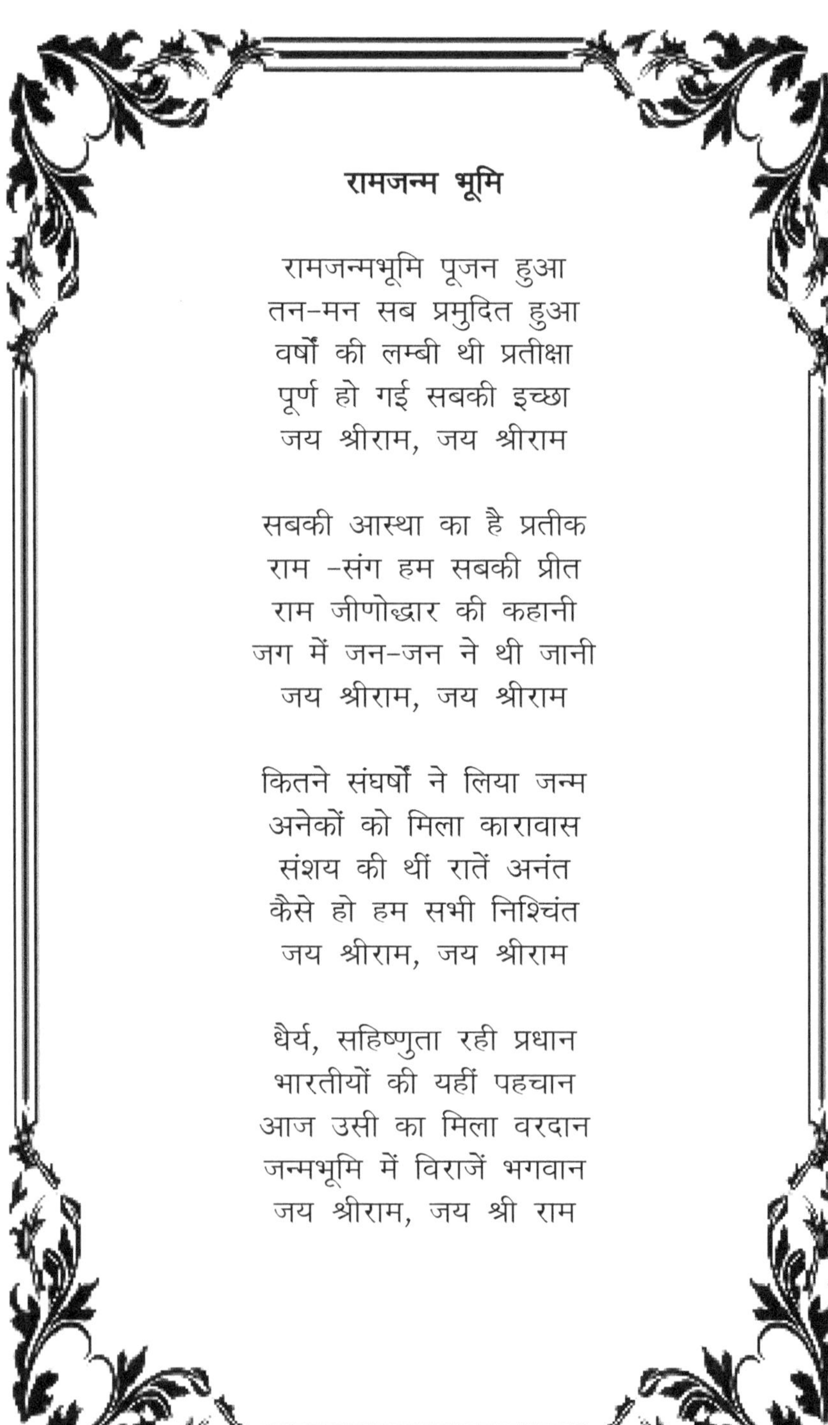

रामजन्म भूमि

रामजन्मभूमि पूजन हुआ
तन-मन सब प्रमुदित हुआ
वर्षों की लम्बी थी प्रतीक्षा
पूर्ण हो गई सबकी इच्छा
जय श्रीराम, जय श्रीराम

सबकी आस्था का है प्रतीक
राम -संग हम सबकी प्रीत
राम जीणोद्धार की कहानी
जग में जन-जन ने थी जानी
जय श्रीराम, जय श्रीराम

कितने संघर्षों ने लिया जन्म
अनेकों को मिला कारावास
संशय की थीं रातें अनंत
कैसे हो हम सभी निश्चिंत
जय श्रीराम, जय श्रीराम

धैर्य, सहिष्णुता रही प्रधान
भारतीयों की यहीं पहचान
आज उसी का मिला वरदान
जन्मभूमि में विराजें भगवान
जय श्रीराम, जय श्री राम

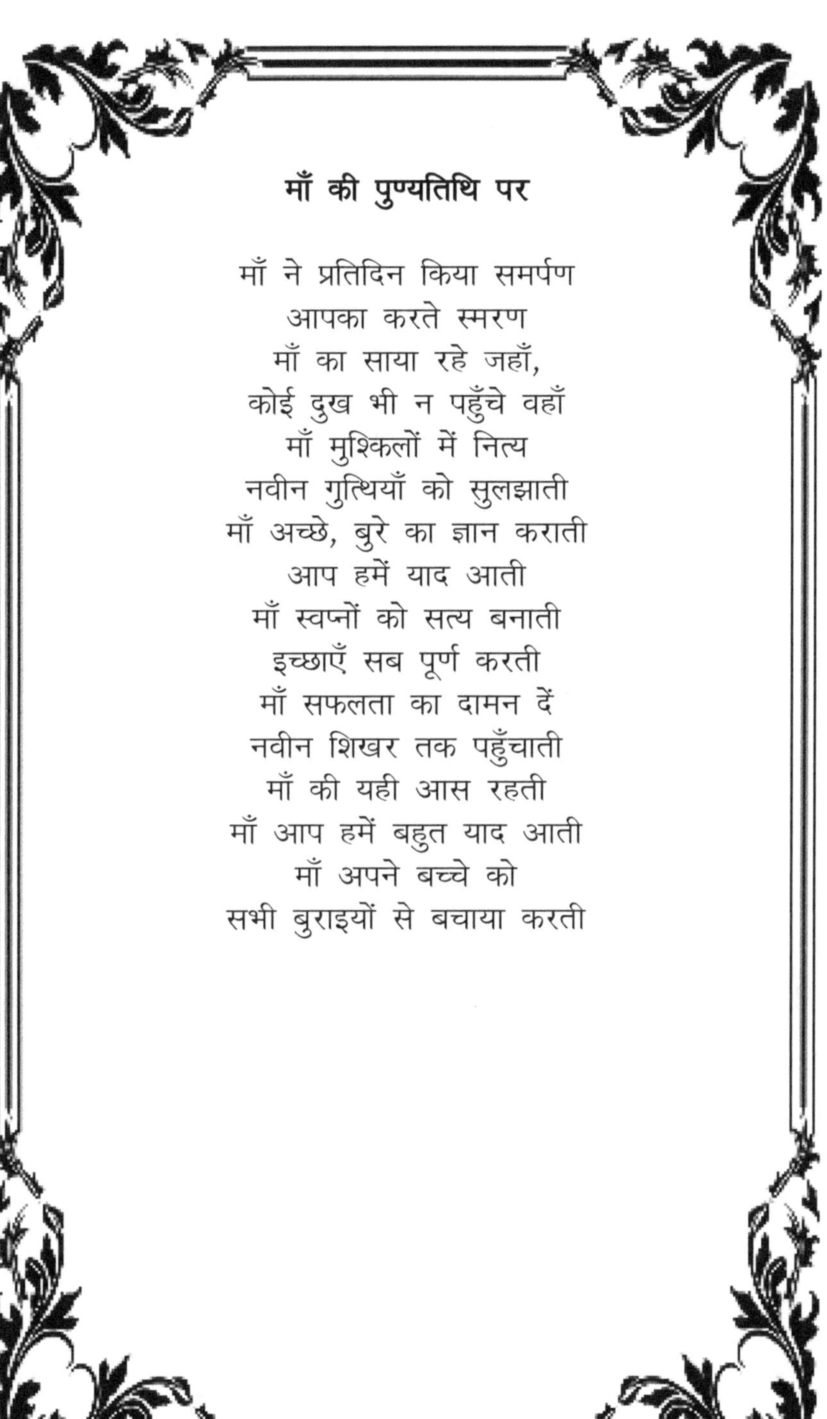

माँ की पुण्यतिथि पर

माँ ने प्रतिदिन किया समर्पण
आपका करते स्मरण
माँ का साया रहे जहाँ,
कोई दुख भी न पहुँचे वहाँ
माँ मुश्किलों में नित्य
नवीन गुत्थियाँ को सुलझाती
माँ अच्छे, बुरे का ज्ञान कराती
आप हमें याद आती
माँ स्वप्नों को सत्य बनाती
इच्छाएँ सब पूर्ण करती
माँ सफलता का दामन दें
नवीन शिखर तक पहुँचाती
माँ की यही आस रहती
माँ आप हमें बहुत याद आती
माँ अपने बच्चे को
सभी बुराइयों से बचाया करती

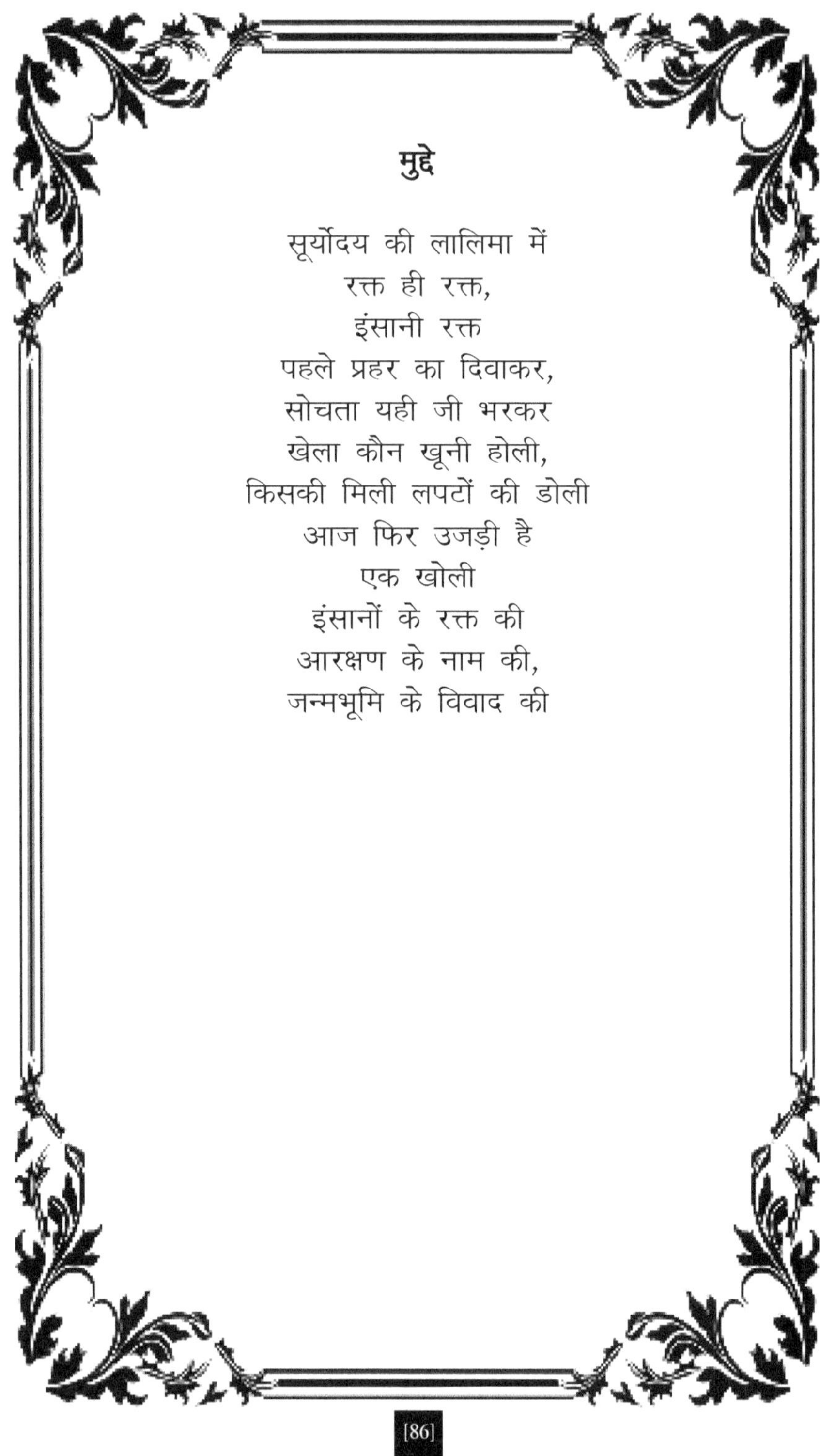

मुद्दे

सूर्योदय की लालिमा में
रक्त ही रक्त,
इंसानी रक्त
पहले प्रहर का दिवाकर,
सोचता यही जी भरकर
खेला कौन खूनी होली,
किसकी मिली लपटों की डोली
आज फिर उजड़ी है
एक खोली
इंसानों के रक्त की
आरक्षण के नाम की,
जन्मभूमि के विवाद की

कारोना

कारोना को
भगाना है
देश को
आगे बढ़ाना है
हार
अभी नहीं मानना है
अंत तक
इससें लड़ना है

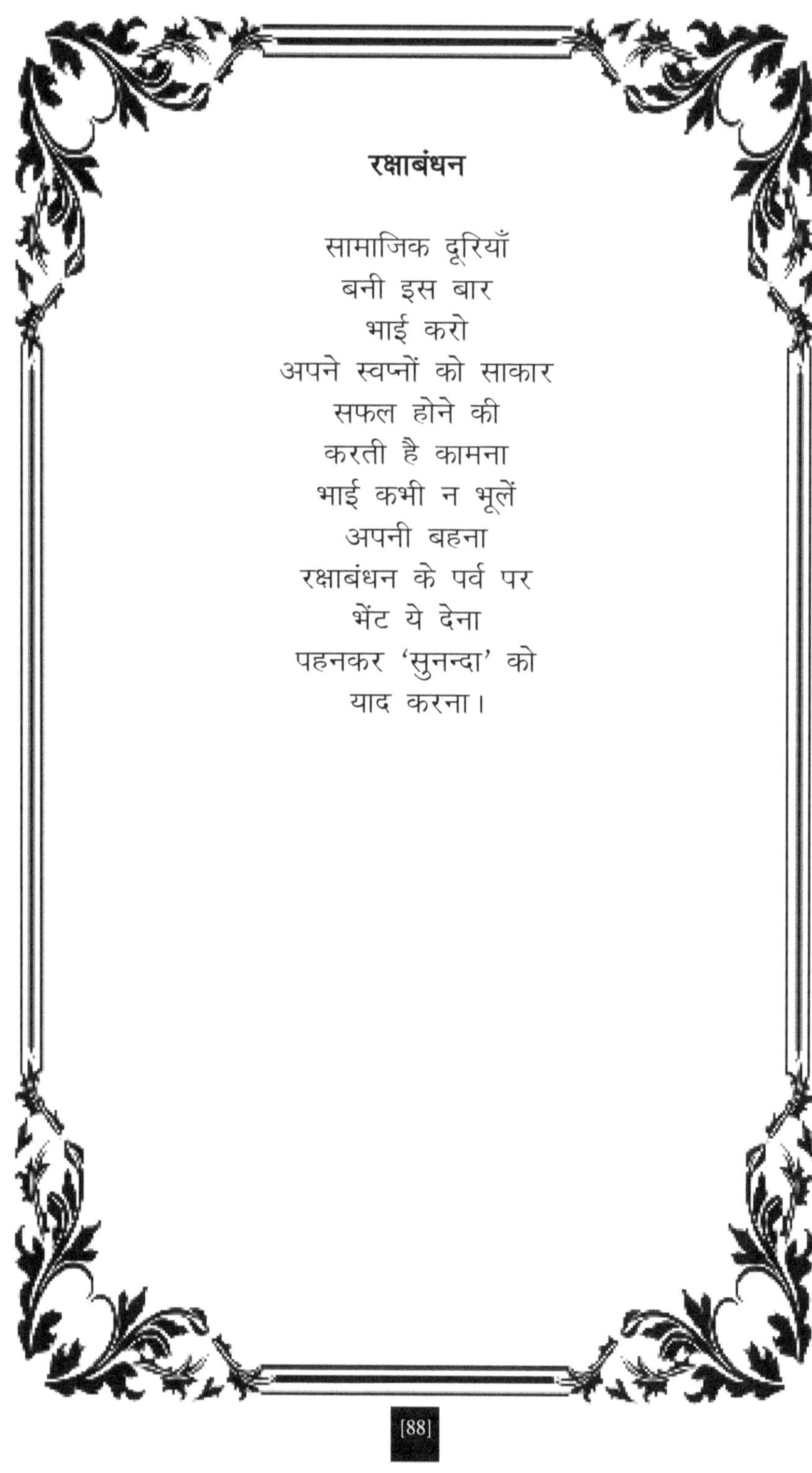

रक्षाबंधन

सामाजिक दूरियाँ
बनी इस बार
भाई करो
अपने स्वप्नों को साकार
सफल होने की
करती है कामना
भाई कभी न भूलें
अपनी बहना
रक्षाबंधन के पर्व पर
भेंट ये देना
पहनकर 'सुनन्दा' को
याद करना।

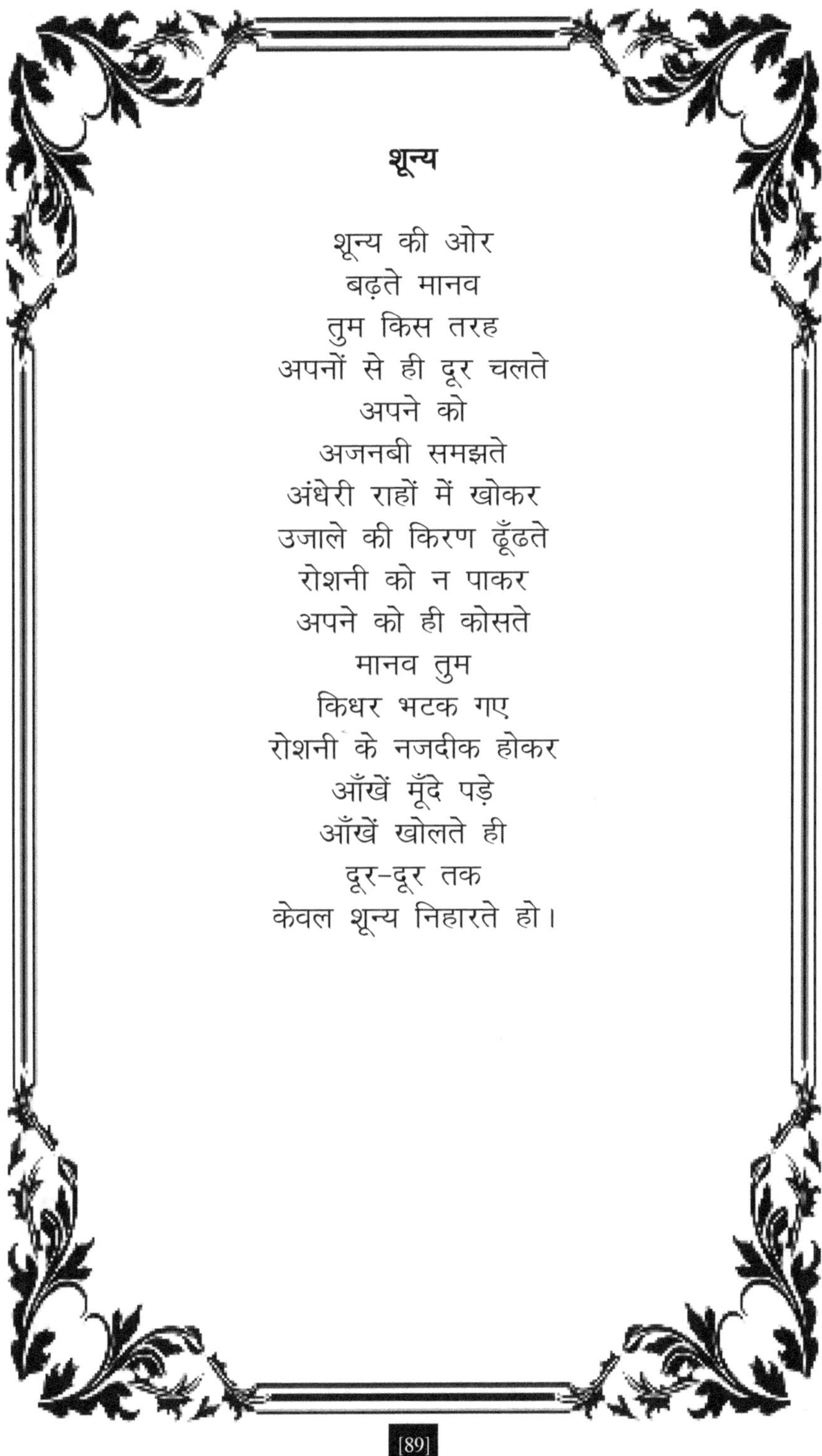

शून्य

शून्य की ओर
बढ़ते मानव
तुम किस तरह
अपनों से ही दूर चलते
अपने को
अजनबी समझते
अंधेरी राहों में खोकर
उजाले की किरण ढूँढते
रोशनी को न पाकर
अपने को ही कोसते
मानव तुम
किधर भटक गए
रोशनी के नजदीक होकर
आँखें मूँदे पड़े
आँखें खोलते ही
दूर-दूर तक
केवल शून्य निहारते हो।

गणतंत्र दिवस पर

राष्ट्र के लिए सदा यह मन समर्पित है
कितने ही शहीदों के यहाँ तन अर्पित है

भारत के वीर सीमाओं पर सुशोभित है
राफेल अब वीरों के पास सुसज्जित है

बर्फीले तूफानों से लड़नें की आदत है
लड़कर जीत जाना वीरों की हिम्मत है

निज लक्ष्यों में जोश भरने की चाहत है
दुश्मनों की दुश्वारियों से मन आहत है

सेना सीमाओं पर मुस्तैदी से आरक्षित है
उनके बलिदानों से ही यह देश सुरक्षित है

अवनि

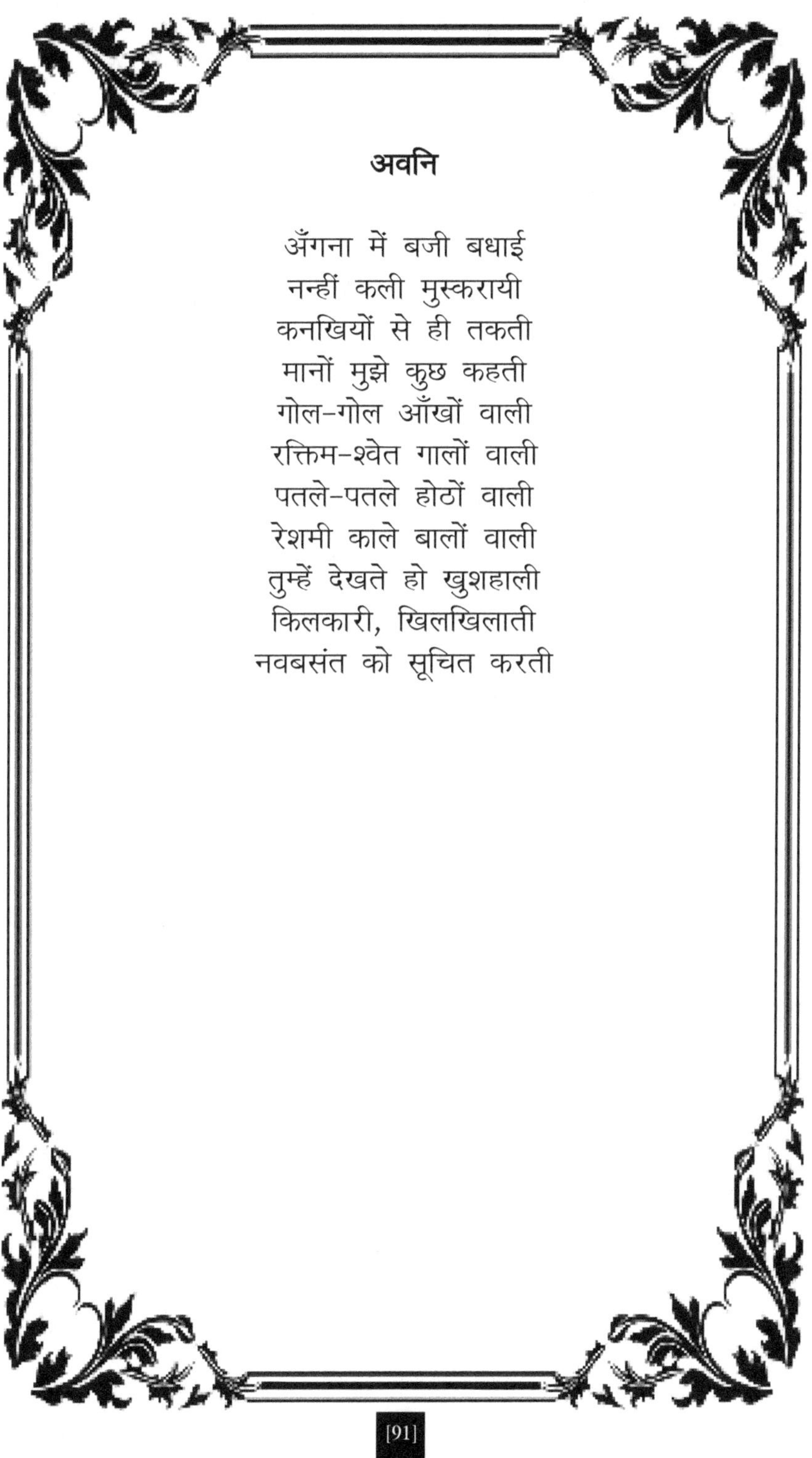

अँगना में बजी बधाई
नन्हीं कली मुस्करायी
कनखियों से ही तकती
मानों मुझे कुछ कहती
गोल-गोल आँखों वाली
रक्तिम-श्वेत गालों वाली
पतले-पतले होटों वाली
रेशमी काले बालों वाली
तुम्हें देखते हो खुशहाली
किलकारी, खिलखिलाती
नवबसंत को सूचित करती

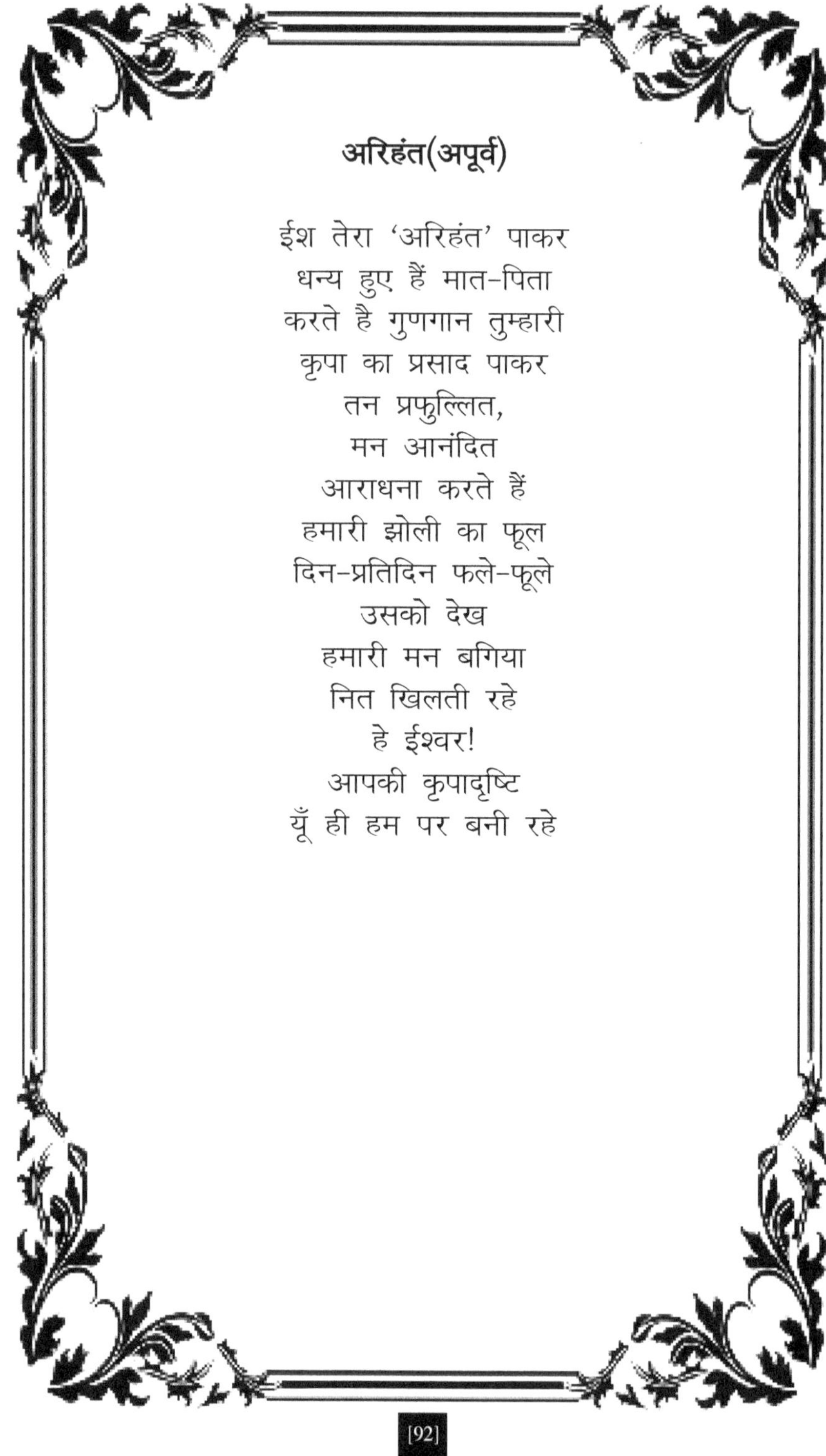

अरिहंत(अपूर्व)

ईश तेरा 'अरिहंत' पाकर
धन्य हुए हैं मात-पिता
करते है गुणगान तुम्हारी
कृपा का प्रसाद पाकर
तन प्रफुल्लित,
मन आनंदित
आराधना करते हैं
हमारी झोली का फूल
दिन-प्रतिदिन फले-फूले
उसको देख
हमारी मन बगिया
नित खिलती रहे
हे ईश्वर!
आपकी कृपादृष्टि
यूँ ही हम पर बनी रहे

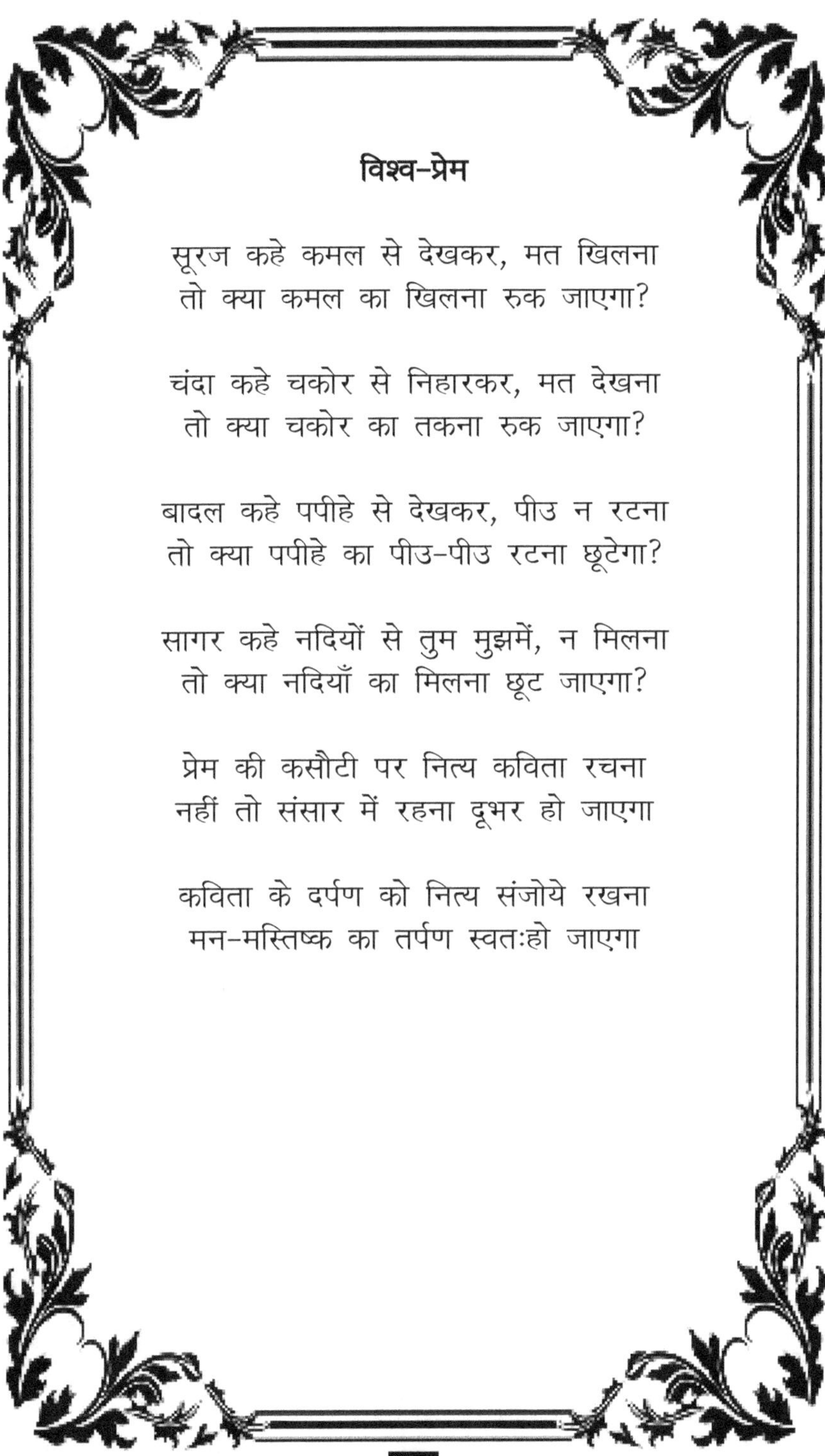

विश्व-प्रेम

सूरज कहे कमल से देखकर, मत खिलना
तो क्या कमल का खिलना रुक जाएगा?

चंदा कहे चकोर से निहारकर, मत देखना
तो क्या चकोर का तकना रुक जाएगा?

बादल कहे पपीहे से देखकर, पीउ न रटना
तो क्या पपीहे का पीउ-पीउ रटना छूटेगा?

सागर कहे नदियों से तुम मुझमें, न मिलना
तो क्या नदियाँ का मिलना छूट जाएगा?

प्रेम की कसौटी पर नित्य कविता रचना
नहीं तो संसार में रहना दूभर हो जाएगा

कविता के दर्पण को नित्य संजोये रखना
मन-मस्तिष्क का तर्पण स्वतःहो जाएगा

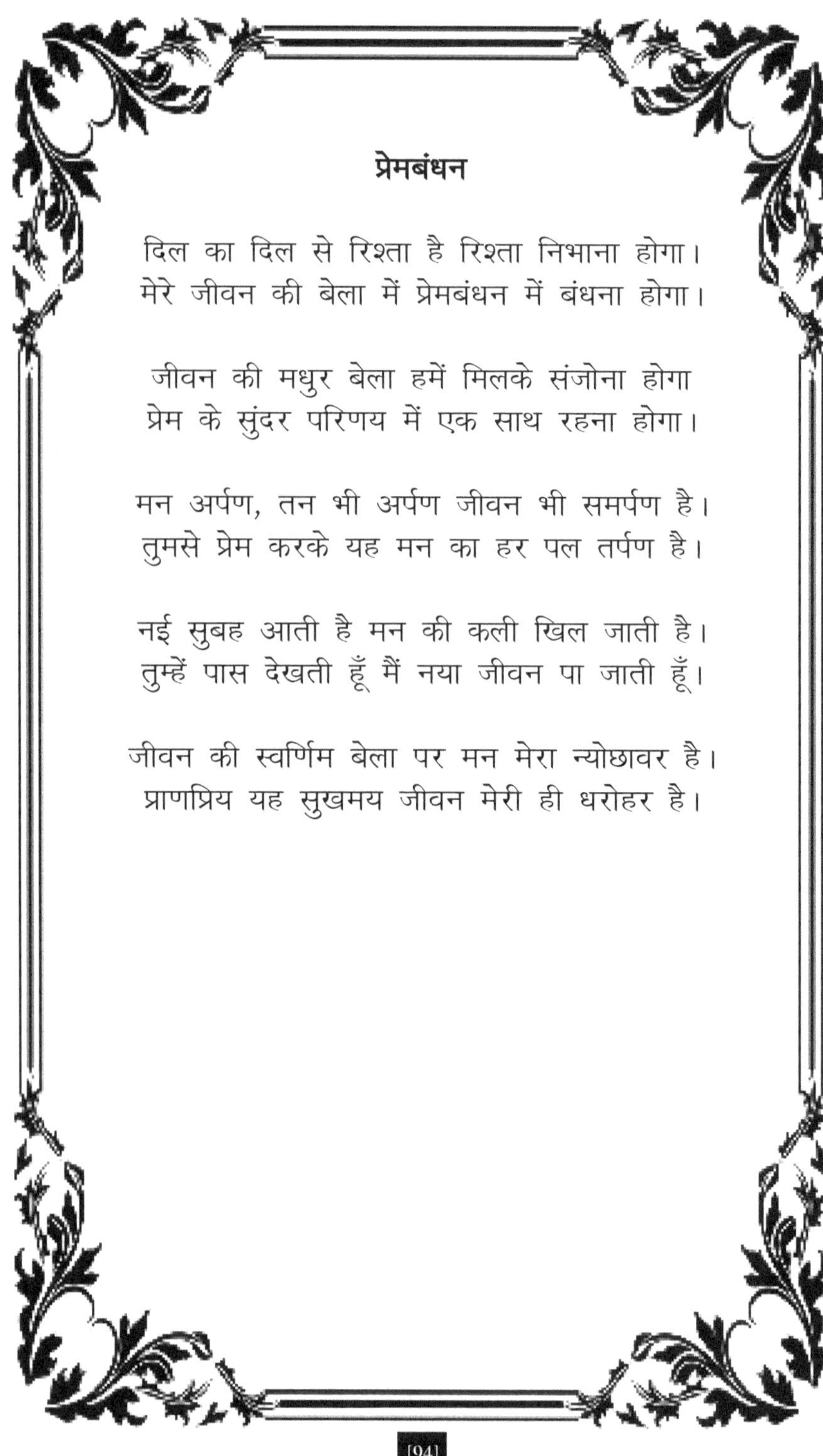

प्रेमबंधन

दिल का दिल से रिश्ता है रिश्ता निभाना होगा।
मेरे जीवन की बेला में प्रेमबंधन में बंधना होगा।

जीवन की मधुर बेला हमें मिलके संजोना होगा
प्रेम के सुंदर परिणय में एक साथ रहना होगा।

मन अर्पण, तन भी अर्पण जीवन भी समर्पण है।
तुमसे प्रेम करके यह मन का हर पल तर्पण है।

नई सुबह आती है मन की कली खिल जाती है।
तुम्हें पास देखती हूँ मैं नया जीवन पा जाती हूँ।

जीवन की स्वर्णिम बेला पर मन मेरा न्योछावर है।
प्राणप्रिय यह सुखमय जीवन मेरी ही धरोहर है।

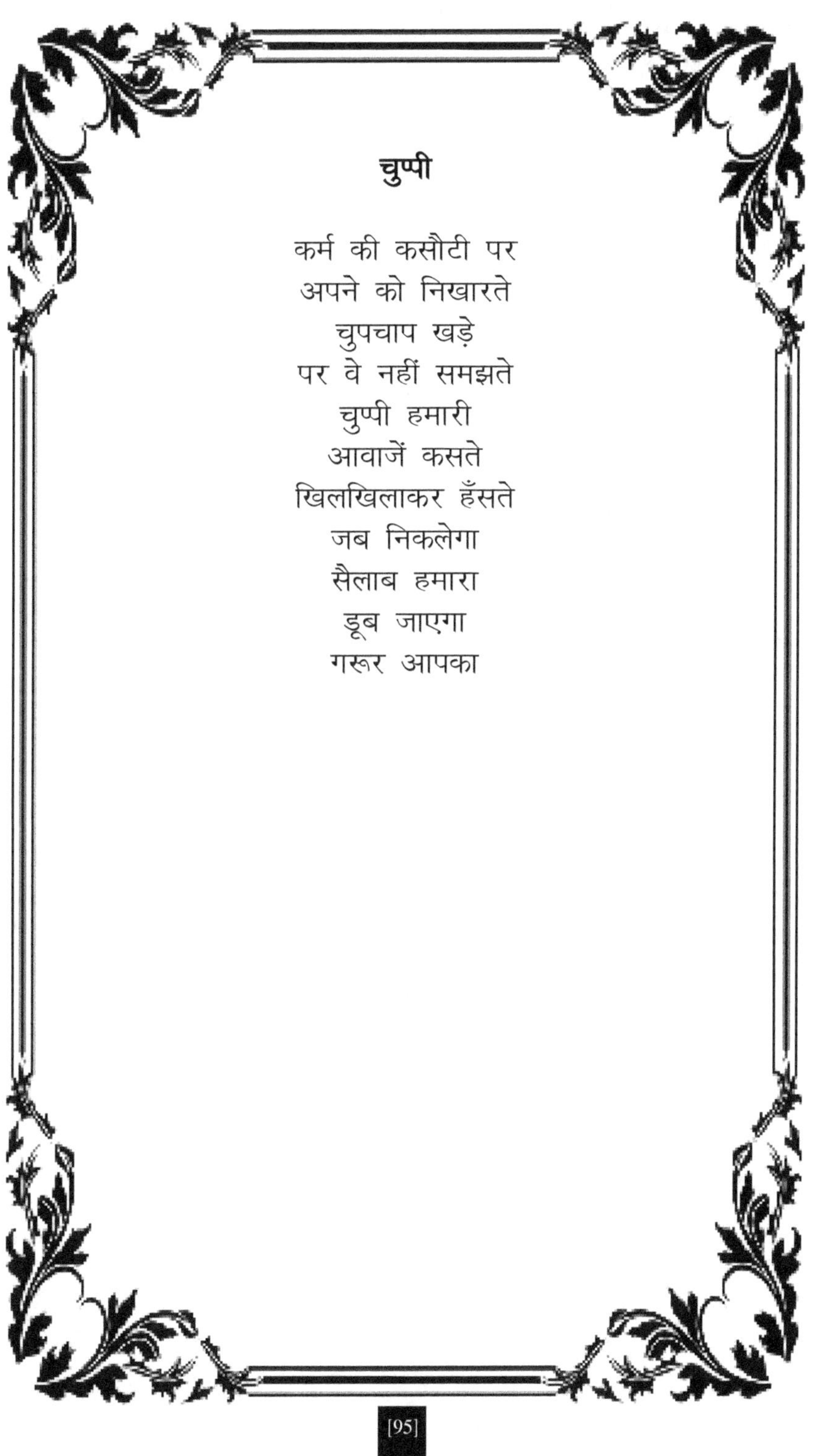

चुप्पी

कर्म की कसौटी पर
अपने को निखारते
चुपचाप खड़े
पर वे नहीं समझते
चुप्पी हमारी
आवाजें कसते
खिलखिलाकर हँसते
जब निकलेगा
सैलाब हमारा
डूब जाएगा
गरूर आपका

तुम और हम

जाने कब से

चलते ही रहे

कदम-दर-कदम

ऊँचाईयों तक पहुँचने

की आशा लिए

लक्ष्य-भेद के लिए

चलते ही रहे

कदम-दर-कदम

रुके नहीं

मुड़े नहीं

रूठे नहीं

कितनी दूर से आ रहे

स्नेह में बंधे हुए

चलते ही रहे

कदम-दर-कदम

सवालों-जबावों का अम्बार

करते तुम बारम्बार

तुम्हारे सम्भाषण

और वाक्-पटुता से

वक्त भी पड़ जाता कम

फिर भी चूके नहीं हम

तुमको सुनते ही रहे

हँसते-हँसाते ही रहे हम

चलते ही रहे

कदम-दर-कदम

डॉक्टर कमला मिढ़ढा जी के जन्मदिन पर
सप्रेम भेंट

मेरे जीवन की कड़ी

आपसे जुड़ती ही रही

अनजान नगर मे

अनजान डगर थी

अनजाने जीवन में

आप खड़ी थी

आपके चेहरे में असीम मुस्कान थी

इस मुस्कान की अलग पहचान थी

जीवन के पल चलते रहे

हम दिन-प्रतिदिन मिलते रहे

सबकी उलझनें सुलझाती रही

अपने अनुभव बाँटती रही

आपका जीवन एक मिसाल है

हर किसी के दिल में आप है

आपका व्यक्तित्व प्रेरणा बन जाए

उसका अंश हमें मिल जाए।

उदासी

आखिर क्यों है उदासी
आखिर क्यों है तन्हाई
हृदय की निश्वास साँसें
शून्यता के घेरे से
उभर कर रिक्तता की
पूर्णता चाहती हैं
अपने अस्तित्व को
ढूंढती हुई अपने आपको
हर हाल में पहचानने, समझने
सोचने, देखने की
कोशिश करती हुई
भ्रमित होती जा रही
है यह जिंदगी

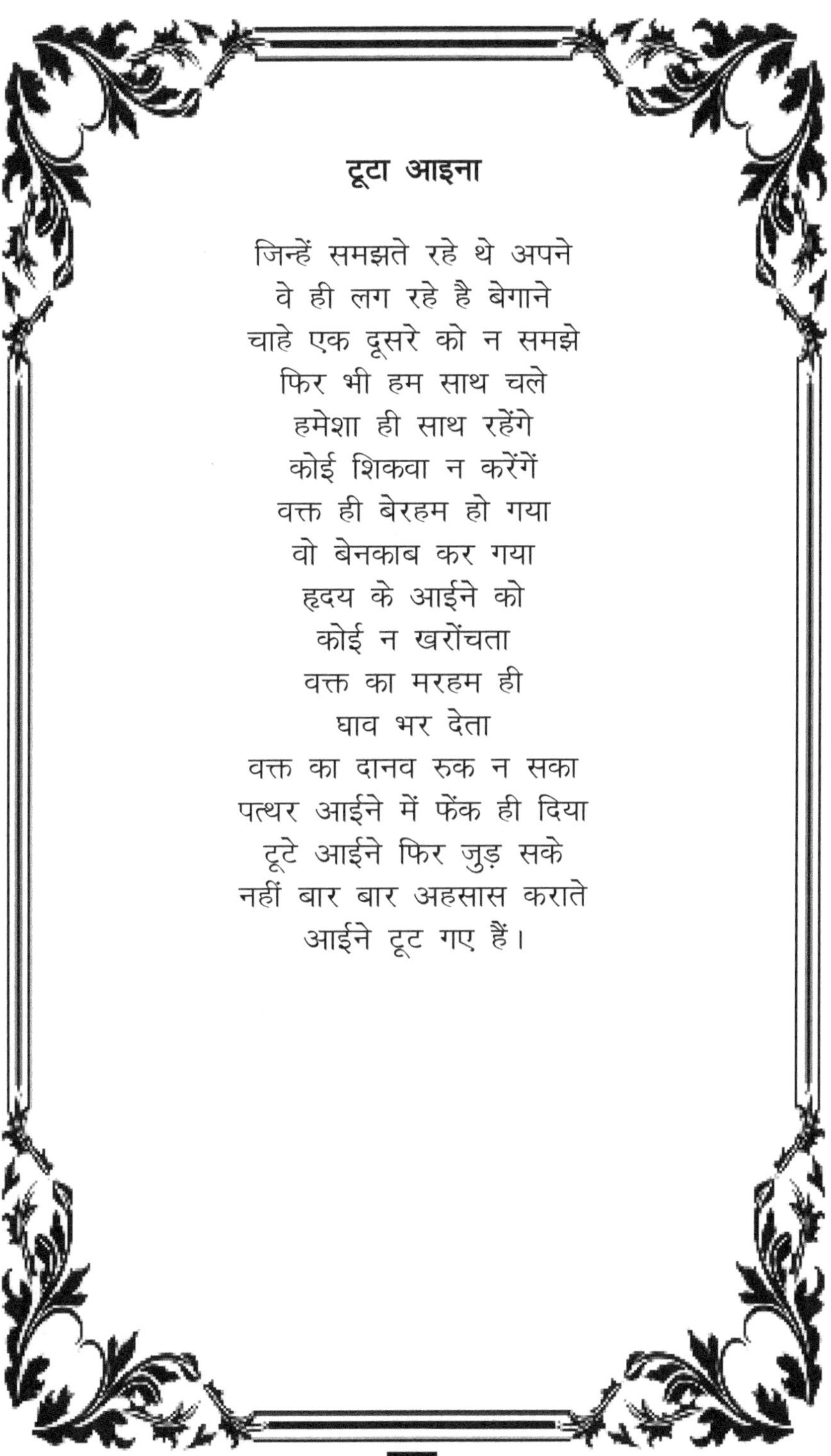

टूटा आइना

जिन्हें समझते रहे थे अपने
वे ही लग रहे है बेगाने
चाहे एक दूसरे को न समझे
फिर भी हम साथ चले
हमेशा ही साथ रहेंगे
कोई शिकवा न करेंगें
वक्त ही बेरहम हो गया
वो बेनकाब कर गया
हृदय के आईने को
कोई न खरोंचता
वक्त का मरहम ही
घाव भर देता
वक्त का दानव रुक न सका
पत्थर आईने में फेंक ही दिया
टूटे आईने फिर जुड़ सके
नहीं बार बार अहसास कराते
आईने टूट गए हैं।

विनती

नववर्ष की शुभ बेला पर हम सब संकल्प करते हैं
नववर्ष पर हम सबके जीवन में जोश, उमंग भरते हैं
रजनी बीत रही नई सुबह की रोशनी दिखने वाली है
बीते साल में बहुत कुछ सीखा, सबक लेने की बारी है

जीवन में बहुत उलट-फेर देखा, निशब्द हुए मन भारी है
चक्रव्यूहों में सब फँसते देखा, आदेश हुए नित्य जारी हैं
जहाँ रहे सब सुरक्षित रहे, यह आज्ञा यह सबने मानी है
जीवन के रहस्यों को समझा, प्राचीन संस्कृति न्यारी है

सत्य सनातन परंपरा हमारी, आज हुए हम अनुगामी हैं
जड़ों से कभी अलग न होना, यह बात हमने विचारी है
आओ नववर्ष का करे स्वागत, सबको मंगलदायिनी है
सब स्वच्छ रहे, सब स्वस्थ रहे, मास्क अभी भी जरूरी है

कारोना का भय आतंक अब सबके मन से जाता रहे
नया सवेरे की ज्योति हृदय में आशा का संदेश लाता रहे
नववर्ष पर सबको खुलकर साँसे मिले, यही कामना रहे
आपस में मिलजुले हम खुशियों का संसार सजता रहे

मेघ

प्रेरणा का प्रबल वेग
कर देता मन को
आह्लादित
जैसे शून्य नीरस भरे वन में
आ जाता है बसंत
ग्रीष्म की लू के थपेड़ों से
तपता यह मन
चाहता
एक तीव्र हवा का झोंका
रिमझिम-रिमझिम
बरसता हुआ मेघ
संचरित करें
ताप शांत करें
उग्रता कम करें
जिंदगी की चिलमिलाती धूप में
कहीं सांध्य हो,
शीतलता हो,
बरसती हुई ओस की बूँदें
धरा पर चमचमाती हो
उससे ही
हृदय उत्साहित हो
मन तरंगित हो

◆ ◆ ◆ ◆ ◆ ◆ ◆